Braucht Soziale Arbeit keine Forschung?

Ein Ländervergleich von Uwe Schwarze

LAMBERTUS

Soziale Arbeit kontrovers (SAk) 34

Verlag des Deutschen Vereins
für öffentliche und private Fürsorge e.V.
Michaelkirchstraße 17/18, 10179 Berlin
www.deutscher-verein.de

Auslieferung über den Lambertus-Verlag:
www.lambertus.de

Druck:
Plump Druck & Medien GmbH,
53619 Rheinbreitbach

Printed in Germany 2024
ISBN 978-3-7841-3750-6
ISBN E-Book 978-3-7841-3751-3

Gefördert vom:

Die Reihe „Soziale Arbeit kontrovers“

Der Deutsche Verein für öffentliche und private Fürsorge e.V. und der Lambertus Verlag möchten mit dieser Schriftenreihe aktuelle Fragen der Sozialen Arbeit aufgreifen und in knapper, handlicher Form Orientierungshilfen zur Verfügung stellen. Ausgehend von einer provokanten oder rhetorischen Fragestellung sollen vermeintliche Gewissheiten, Selbstverständlichkeiten oder Verallgemeinerungen kritisch überprüft werden. Ziel dieser Schriftenreihe soll es nicht sein, einfache Lösungen zu präsentieren, sondern die Komplexität der Themen vor dem Hintergrund der Entstehungs- und Rahmenbedingungen und der jeweiligen Einflussfaktoren darzustellen.

Die Herausgeber haben ein Format gewählt, das der Lesbarkeit und Übersichtlichkeit einen hohen Rang einräumt: Renommierte Autorinnen und Autoren legen ihre Forschungsergebnisse und Schlussfolgerungen knapp und ohne umfangreichen wissenschaftlichen Apparat dar. Dem Charakter der Reihe entspricht es, dass die unterbreiteten Ideen und Vorschläge nicht immer mit den Positionen der Herausgeber übereinstimmen. Unter www.deutscher-verein.de und www.caritas.de finden Sie jeweils die aktuellen sozialpolitischen Positionierungen des Deutschen Vereins und des Deutschen Caritasverbands (Gesellschafter des Lambertus-Verlags).

Wir hoffen, mit dieser Schriftenreihe den fachlichen Diskurs zu fördern und freuen uns auf Rückmeldungen der Leserschaft.

Michael Löher	Petra Itschert
Vorstand des Deutschen Vereins für öffentliche und private Fürsorge e.V.	Geschäftsführung des Lambertus-Verlages

Inhalt

1. Einleitung

Soziale Arbeit ist in ihren vielfältigen Funktionen und Handlungsfeldern vor allem auf die Bearbeitung und Vermeidung prekärer Lebensverhältnisse von Menschen und auf die Förderung sozialer und ökonomischer Gerechtigkeit ausgerichtet. Um methodisch und praktisch den fachlichen Standards, den gesetzlichen Grundlagen sowie den Bedürfnissen und Lebenswelten ihrer Adressatinnen und Adressaten zu entsprechen, sind für die Soziale Arbeit neben theoretischen Kenntnissen möglichst valide und verlässliche qualitative und quantitative empirische Daten unumgänglich. Die theoretischen, empirischen, methodischen und reflexiven Befunde und Daten generieren sich vor allem über Forschung. Eine Besonderheit der Sozialen Arbeit im Vergleich zu anderen wissenschaftlichen Disziplinen ist jedoch, dass sich Forschung zu Sozialer Arbeit und über Soziale Arbeit und die von ihr bearbeiteten individuellen und sozialen Probleme aus sehr unterschiedlichen Disziplinen und Forschungstraditionen generiert. Forschung in, zu und über Soziale Arbeit und ihre Ergebnisse sind dementsprechend stets mit Blick auf die spezifischen Handlungserfordernisse, Möglichkeiten und Grenzen personenbezogener sozialer Dienste über die einzelnen wissenschaftlichen Disziplinen hinaus miteinander verbunden zu deuten, für die Praxis zu operationalisieren und stets kritisch zu reflektieren. Insoweit gilt die Soziale Arbeit explizit als eine Handlungswissenschaft, wie von Staub-Bernasconi (2007, 218 ff.) bereits mit einem internationalen „Blick über die Grenzen" in unterschiedlichsten analytischen Dimensionen aufgezeigt wurde.

Wo und wie bzw. durch wen wird jedoch Forschung in der Sozialen Arbeit in ihren zentralen Ergebnissen erbracht? Braucht die Soziale Arbeit eine (originäre) Forschung? Kann sich die Soziale Arbeit auf die aus ihren Bezugswissenschaften wie der Soziologie,

Pädagogik, Psychologie, Rechtswissenschaften, Ökonomie und anderen Disziplinen und auf deren Forschungsansätze und daraus resultierende fachliche und sozialpolitische Empfehlungen verlassen? In diesen Fragen zeigen sich für die Soziale Arbeit in Deutschland im internationalen Vergleich besondere Strukturmerkmale, die sich sowohl institutionentheoretisch als auch historisch erklären lassen und in diesem Band genauer thematisiert werden. Die genannten Bezugswissenschaften sind in Deutschland ganz überwiegend an Universitäten angesiedelt, doch die Ausbildung, das Studium und auch die Forschung in der Sozialen Arbeit sind nach wie vor fast ausschließlich an Fachhochschulen (FH) bzw. Hochschulen für Angewandte Wissenschaften (HAW) institutionalisiert. Damit sind in den Möglichkeiten und Ressourcen für die Forschung in der Sozialen Arbeit in Deutschland erhebliche Einschränkungen und Risiken verbunden, wie ein Vergleich mit Ländern aus dem angelsächsischen und skandinavischen Raum zeigt.

Diesem Band liegt die These zugrunde, dass die Soziale Arbeit in Deutschland in ihrer Forschung vor allem infolge der Strukturen und der Stellung von FH mindestens seit den 1970er-Jahren von den internationalen Standards und Entwicklungspfaden zu einer eigenständigen bzw. originären wissenschaftlichen Disziplin abgekoppelt wurde. Die im internationalen Vergleich äußerst schwache Stellung von Forschung zur und vor allem in der Sozialen Arbeit findet in Deutschland ihren Ausdruck auch in der völlig unzulänglichen Förderung von Promotionen und dem weitgehend fehlenden originären Promotionsrecht in der Sozialen Arbeit. Die Frage „Braucht Soziale Arbeit keine Forschung?“ wird daher hier exemplarisch fokussiert auf die Frage nach einem originären Promotionsrecht und mit Blick auf die Förderung des wissenschaftlichen Nachwuchses näher diskutiert. Im Ländervergleich wird anschaulich, dass die Frage nach der originären Forschung in der Sozialen Arbeit etwa in den USA und Schweden längst als beantwortet gelten kann. Soziale Arbeit ist ohne eine originäre eigene Forschung und ohne ein originäres Promotionsrecht dort gar nicht mehr denkbar und sie gilt als vollakademisierte wissenschaftliche universitäre Disziplin, die zugleich einen hohen Praxisbezug aufweist.

Um die Entwicklungen und Ausprägungen von Forschung in der Sozialen Arbeit verstehen und die defizitären Verhältnisse in Deutschland erklären zu können, bietet sich der Vergleich mit den USA und Schweden an. Der Beitrag zeichnet daher zunächst die historische Entwicklung der Sozialen Arbeit als wissenschaftliche Fachdisziplin an Universitäten für die USA und Schweden in einem institutionentheoretischen Ansatz nach, um darüber die Bedeutung eines originären Promotionsrechtes für die künftige Entwicklung in Deutschland aufzuzeigen. Die Befunde aus dem Ländervergleich werden vor dem Hintergrund des aktuellen Diskurses um die Einführung eines Promotionsrechtes an deutschen Hochschulen für Angewandte Wissenschaften kritisch reflektiert. Im Ergebnis wird deutlich, von welch hoher Relevanz ein originäres Promotionsrecht sowohl an Universitäten als auch an Hochschulen mit Blick auf die Praxis und für die künftige Stellung und Funktionen von Forschung in der Sozialen Arbeit in Deutschland ist.

2. Pfadabhängige Entwicklung Sozialer Arbeit an deutschen Fachhochschulen

Um die Bedeutung von Forschung und insbesondere die Möglichkeiten der Promotion in der Sozialen Arbeit für Deutschland genauer zu reflektieren, sind eine internationale und vergleichende und ebenso eine historische Perspektive unumgänglich. Für das Verständnis unterschiedlicher Entwicklungspfade bietet die Theorie der Pfadabhängigkeit nach Pierson (2000, 2004) eine passende Rahmung. Die Theorie ermöglicht zugleich analytisch die Perspektive für einen Ländervergleich, um zu erkennen, ob und unter welchen Bedingungen (neue) Wege für Forschung in der Sozialen Arbeit aus den seit den 1970er-Jahren eingeschlagenen Pfaden möglich sind. Dabei ist stets mit zu reflektieren, dass die drei hier behandelten Länder zwar alle dem Typus westlich-industrieller Wohlfahrtsstaaten entsprechen, jedoch in ihrer Größe, Einwohnerzahl, Sozialstruktur sowie in den föderalen und politischen Strukturen erhebliche Unterschiede aufweisen. Deutschland gilt bis heute als „konservatives“, die USA als „liberales“, und Schweden als „sozialdemokratisches“ wohlfahrtsstaatliches Regime. Damit bilden die drei Länder nicht nur die drei wohlfahrtsstaatlichen Regimetypen nach Esping-Andersen (1990), sondern zugleich drei Bildungs- und Hochschulsysteme ab, die stark variieren. Um einen vergleichenden Blick auf die Entwicklungen, Programme und Strategien der Promotionsförderung und der Förderung des wissenschaftlichen Nachwuchses in der Sozialen Arbeit zu ermöglichen, werden trotz länderspezifischer Besonderheiten ausgewählte statistische Daten einbezogen. Selbst wenn die Daten nicht direkt vergleichbar sind, verweisen sie doch darauf, dass sich die Entwicklungspfade einer universitären Sozialen Arbeit in den USA bereits seit den 1940er-Jahren und in Schweden spätestens seit den 1970er-Jahren grundlegend von dem in Deutschland institutionalisierten Pfad unterscheiden.

Nachdem in Deutschland Ende des 19. Jahrhunderts bereits über den Begründer der Inneren Mission und des späteren Diakonischen Werkes, Johann Hinrich Wichern, mit dem *Rauhen Haus* in Hamburg erste Weichen für eine konfessionelle Ausbildung von Diakonen und Diakoninnen in der Armenfürsorge gestellt wurden, wurde 1908 von Alice Salomon in Berlin die damals erste interkonfessionelle Soziale Frauenschule als Vorläuferin späterer Fachschulen und der heutigen öffentlichen Fachhochschulstrukturen für die Soziale Arbeit gegründet. Das von Alice Salomon an den Sozialen Frauenschulen zwischen 1909 und 1932 eingeführte Curriculum einer praxisnahen Ausbildung wird als Modell für zahlreiche ähnliche Neugründungen in ganz Deutschland gesehen. Parallel dazu entwickelt Alice Salomon mit der von ihr ebenfalls gegründeten *Deutschen Akademie für soziale und pädagogische Frauenarbeit* bereits eine Einrichtung zur Weiterbildung von Frauen in sozialen Berufen und für Fachkräfte in der Sozialen Arbeit (Salomon 2008, 237 f.). Der Akademie, die explizit nicht als Konkurrenz zu den Universitäten gesehen werden sollte, wurde 1926 eine Forschungsabteilung angegliedert, die später zum *Institut für sozialwissenschaftliche Forschungen* ausgebaut wurde. Obwohl also Alice Salomon wissenschaftliche Forschung als originären Teil für die Ausbildung und Praxis der Sozialen Arbeit verstand und schon Ende der 1920er-Jahre erste Forschungsprojekte zur Lebenssituation von Familien realisiert wurden, blieb die Stellung von Forschung innerhalb der Ausbildungs- und Studienstrukturen der Sozialen Arbeit in Deutschland insgesamt eher schwach. Auch nach dem Zweiten Weltkrieg wurde das Konzept einer „Fürsorgewissenschaft" mit Blick auf Forschung nicht wirklich breit institutionalisiert – weder an den Universitäten in den Bezugswissenschaften noch an den Fachhochschulen.

So wurde die Soziale Arbeit in Deutschland auf den Grundlagen eines Berufsfeldes der praktischen Fürsorge und eines bereits etablierten Sozialbeamtentums erst in den 1970er-Jahren mit Gründung und Ausbau der Fachhochschulen nach dem damals vorherrschenden Bild einer möglichst praxisnahen Ausbildung „akademisiert“ und „verwissenschaftlicht“ (Grohall 1997, 22 ff.). Inzwischen zeigen fünf Dekaden der „teilakademisierten“ Entwicklung in der deutschen Sozialen Arbeit im Vergleich zu den Entwicklungspfaden einer „vollakademisierten“ universitären Sozialen Arbeit in den USA und Schweden, dass der damals eingeschlagene Pfad der FH bzw. der heutigen HAW die Forschung in der Sozialen Arbeit wesentlich geschwächt hat.

Institutionalisierung der Fachhochschulen als Entkopplung von Forschung

Zwar gab und gibt es auch an einzelnen deutschen Universitäten – meist an Fakultäten der Pädagogik – einzelne wenige universitäre Studiengänge, überwiegend in der Sozialpädagogik (Grohall 1997, 31). Doch diese verfügen bis heute ebenfalls nicht über das originäre Promotionsrecht im Fach „Soziale Arbeit“. Sie spielen seit den 1990er-Jahren für die Entwicklungspfade der deutschen Sozialen Arbeit eine eher randständige Rolle, auch wenn sie über Forschung und Publikationen stärker in Erscheinung treten mögen als die meisten Fachhochschulstudiengänge. Vielerorts begehen Fakultäten und/oder Studiengänge der Sozialen Arbeit an deutschen FH bzw. HAW seit Beginn der 2020er-Jahre ihr 50jähriges Jubiläum. Ganz überwiegend schauen Hochschulleitungen und Politik bei der Gelegenheit auf fünf Dekaden einer positiven Entwicklung der Sozialpädagogik und Sozialen Arbeit zurück. Nicht nur qualitativ hat sich der Ausbildungsstatus der Sozialen Arbeit, die bis 1971 noch an den „Höheren Fachschulen“ praxisnah unterrichtet wurde, mit der Gründung von FH und den Studiengängen der Sozialarbeit, der Sozialpädagogik und/oder des Sozialwesens sowie dem damaligen akademischen Diplom-Abschluss verbessert. Auch quantitativ sind die Zahl der Hochschulstandorte, die Zahl der Studiengänge und der Studierenden bzw. Absolventinnen und Absolventen sowie der beschäftigten Fachkräfte deutlich gestiegen, sodass die Soziale Arbeit als Wachstumsbranche gilt.

Die quantitative Expansion der Sozialen Arbeit und ein insoweit innovativer Einfluss der FH lassen sich rückblickend auch daran erkennen, dass viele soziale Dienste, für die es in den 1970er-Jahren weder rechtliche Regulierungen noch verlässliche Finanzierungsstrukturen gab, über Impulse aus den neu gegründeten FH-Studiengängen gewissermaßen „von unten" aufgebaut wurden. Exemplarisch lassen sich (autonome) Frauenhäuser, (autonome) Jugendzentren, Schuldnerberatung, Arbeitsloseninitiativen, Selbsthilfegruppen, ambulante Beratungsstellen für wohnungslose Menschen sowie Initiativen der ambulanten psychiatrischen Versorgung nennen. Diese sozialen Dienste wurden im „konservativen" deutschen Sozialstaat vor allem seit den 1970er- bis Anfang der 1990er-Jahre nachgehend zu ihren oft nichtstaatlichen Gründungsinitiativen sozialrechtlich und fiskalpolitisch institutionalisiert. Die Hauptaufgabe der FH wurde es, das für den Auf- und Ausbau der vielfältigen und zunehmend spezialisierten Sozialdienste benötigte Fachpersonal möglichst praxisbezogen zu qualifizieren. An den FH war Forschung auf lokale Initiativen oder kleinere Projekte begrenzt und das Lehrpersonal der 1970er-Jahre verfügte selbst oft nicht über den heute für eine Professur und Forschungsanträge zwingend notwendigen Doktortitel. Drittmittelanträge für Forschung an Stiftungen, Ministerien oder gar an private Geldgeber waren selten und auch die institutionelle Förderung von Promotionen spielte bis Ende der 1990er-Jahre kaum eine Rolle. Sie blieb eher den einzelnen Professoren und Professorinnen in ihren Kontakten und Netzwerken überlassen. Dennoch gelten die deutschen Fachhochschulen auch dem Soziologen Heinz Bude (2024, 31) als „einzigartige Innovation des westdeutschen Bildungssystems“. Sie hätten wesentlich dazu beigetragen, dass „ab Mitte der 1980er-Jahre die ‚Baby-Boomer‘ aus nichtakademischen Familien in der Bundesrepublik europaweit die besten Chancen hatten, einen akademischen Abschluss zu erreichen“.

Doch seit Mitte der 2010er-Jahre zeichnet sich für die Forschung und die Förderung von Promotionen in der Sozialen Arbeit im „konservativen“ deutschen Regime ein neuer Entwicklungspfad ab. Sowohl in hochschulpolitischer als auch in sozialpolitischer Perspektive stellt sich für diesen Entwicklungspfad erneut die Frage nach den Relationen der Sozialen Arbeit als Fachgebiet zu ihren universitären „Bezugswissenschaften“ wie der Soziologie, Psychologie, Ökonomie und den Rechtswissenschaften. Wird originäre Forschung in der Sozialen Arbeit gestärkt, indem gleichberechtigt das originäre Promotionsrecht im Fachgebiet der Sozialen Arbeit an HAW und Universitäten institutionalisiert wird – und zwar bundesweit möglichst einheitlich? Nur dann wären im Vergleich mit dem „liberalen“ US-amerikanischen und dem „sozialdemokratischen“ schwedischen Wohlfahrtsregime sowie international ähnlich gute Voraussetzungen für Forschung gegeben. Darüber würden sich auch die Einflussmöglichkeiten auf die Theoriediskurse, Methodenentwicklung und die sozialpolitischen Rahmenbedingungen für die Soziale Arbeit als wissenschaftliche Disziplin in Deutschland erweitern. In einer internationalen Perspektive ist jedenfalls erkennbar, dass die Soziale Arbeit in Deutschland in der Stellung und im Stand ihrer Forschung längst nicht (mehr) den internationalen Entwicklungspfaden und Standards folgt. Dies drückt sich unter anderem in einer mangelhaften Förderung von Promotionen und des originären wissenschaftlichen Nachwuchses aus.

Originäres Promotionsrecht als internationaler Standard

Im Blick auf das Promotionsrecht in der Sozialen Arbeit ist bemerkenswert, dass der aktuelle bundesweite Qualifikationsrahmen Soziale Arbeit (*QR SozArb Version 6.0*) mit Stand 2016 zwar für sich in Anspruch nimmt, mit den internationalen Standards der Lehre und Ausbildung in den Ländern der OECD kompatibel zu sein. Zugleich findet sich in den Ausführungen zu Promotionen in der Sozialen Arbeit darin weder ein Wort zum international längst geltenden originären Promotionsrecht im Fachgebiet der Sozialen Arbeit noch werden Standards für eine Promotion und damit auch für Forschung näher fachspezifisch formuliert. Auch mögliche Varianten eines eher praxis- und/oder forschungsbezogenen Doktorgrades, die international etabliert sind, werden nicht benannt (FBTS 2016). Wie im Qualitätsrahmen 6.0 aber skizziert wird, verändern sich seit 2016 die Möglichkeiten für Forschung und für die Förderung von Promotionen an deutschen FH bzw. HAW. Nachdem im Bundesland Hessen das Promotionsrecht für einzelne „Promotionszentren" an einzelnen HAW eingeführt wurde, folgten in den letzten Jahren weitere Bundesländer. Vorrangig erhalten sogenannte „forschungsstarke Hochschulen", die möglichst in der Einwerbung von Drittmitteln erfolgreich sind, das Promotionsrecht. Grundlegend neu ist, dass seit 2016/17 für einzelne HAW (Wiesbaden, Frankfurt, Fulda und Darmstadt) explizit das originäre Promotionsrecht in der Variante des „Dr. phil." in der Sozialen Arbeit vom Bundesland Hessen ermöglicht wurde.

Auch die Deutsche Gesellschaft für Soziale Arbeit (DGSA) hat ein Positionspapier zu „Ausgestaltung und Qualitätskriterien der Promotion in der Sozialen Arbeit" vorgelegt. Darin wird zutreffend festgestellt, dass „die aktuelle Lage zum Promovieren an HAW in der Sozialen Arbeit in Deutschland äußerst unübersichtlich ist". Zugleich wird die Promotion als zentral für die Entwicklung und für das Selbstverständnis der Sozialen Arbeit als wissenschaftliche Fachdisziplin angesehen, womit auch die Bedeutung von Forschung klar betont wird. Ebenso werden die besonderen Anforderungen skizziert, die ein Promotionsrecht an HAW in finanzieller und personeller sowie fachlicher Hinsicht stellt. Die Autorinnen und Autoren sprechen sich im Namen der DGSA klar für „Promotionen im Fach Soziale Arbeit" aus (DGSA 2023).

In einem internationalen Vergleich zeigt sich rückblickend allerdings, dass der spezifisch deutsche Pfad der „Teilakademisierung über Fachhochschulen" mit Blick auf die Stellung, Akzeptanz und Förderung der Sozialen Arbeit als wissenschaftliche Disziplin nicht ausschließlich einen „innovativen Charakter" hatte. Der historische Entwicklungspfad lässt sich vielmehr auch so deuten, dass das Verständnis der Sozialen Arbeit im Sinne eines „praxisorientierten Fürsorgeberufs" mit Gründung und Ausbau der FH im „konservativen" deutschen Sozialstaat lediglich eine graduelle Veränderung erfuhr. In gewisser Weise waren pfadtreue Beharrungskräfte, die kein Interesse an einer Sozialen Arbeit als universitärer wissenschaftlicher Fachdisziplin hatten und/oder denen das entsprechende Verständnis fehlte, weiterhin einflussreich. So wurden in den 1970er-Jahren bis in die 1990er-Jahre die entsprechend praxisnahen Curricula und auch etablierte interinstitutionelle Arrangements der Trägerstrukturen, Politik und Ministerien in den Schnittstellen zu den (neuen) Hochschulleitungen mit der Verankerung der Sozialen Arbeit an den FH institutionell fortgeschrieben. Erst langsam zeigen die Beharrungskräfte und konservative institutionelle Arrangements in Deutschland erste Brüche. Auch dieser Befund wird nachfolgend im Ländervergleich anschaulich.

3. USA: Forschung über originäre Promotionen in der Sozialen Arbeit seit den 1940er-Jahren

Im Unterschied zu Deutschland war die Soziale Arbeit in den USA deutlich früher als vollakademisierte wissenschaftliche Disziplin institutionalisiert und galt zugleich als praxisorientiertes Handlungsfeld. Wie etwa die Medizin oder auch die Rechtswissenschaft zeigen, schließen sich Entwicklungspfade einer Praxisorientierung und eine universitäre Forschungsorientierung nicht aus. Vielmehr bedingen sie sich wechselseitig. Dies gilt in den USA für die Soziale Arbeit in besonderer Weise. Die erste akademische Doktorarbeit in der Sozialen Arbeit wurde bereits 1915 am *Bryn Mawr College*, einer Hochschule im Bundesstaat Pennsylvania ermöglicht. Fünf Jahre später wurde dort 1920 der erste originäre Doktortitel in *Social Work* verliehen (Lightfoot/Beltran 2018). Das Studienfach *Social Work* wurde in den folgenden Jahren an mehreren Universitäten als akademischer Studiengang etabliert. So ebnete beispielsweise auch die staatliche Universität von Chicago mit der *School of Social Service Administration SSA* ab 1924 den Weg zu ersten Promotionen in der Sozialen Arbeit. In den 1940er-Jahren war bereits an mehreren (bundes-)staatlichen Universitäten die originäre Promotion (PhD) im Fachgebiet *Social Work* institutionalisiert. Dabei spielten die Folgen der *Great Depression* der 1930er-Jahre sowie der *Social Security Act* von 1935 neben politischen Protesten von Gewerkschaften und der Bürgerrechtsbewegung für den Ausbau der Sozialen Arbeit an den Universitäten eine wichtige Rolle. Auch das *Hull House* und das Engagement von Mary Richmond belegen ein frühes sozialwissenschaftliches und politisches Verständnis der damaligen Sozialen Arbeit und ein enges Zusammenwirken mit der universitären Soziologie und Philosophie in der Forschung. Ergänzend zu dem frühen forschungsorientierten philosophischen Doktorgrad (PhD) wurde im Verlauf der 1950er- und 1960er-Jahre ein praxisorientierter Grad des *Doctor of Social*

Work (DSW) eingeführt. Im Verlauf der 1990er-Jahre und nach der Jahrtausendwende hat sich dieser in den USA ebenfalls etabliert. Beide Varianten einer Promotion (PhD und DSW) bestehen bis heute nebeneinander und werden originär in der Sozialen Arbeit landesweit an einer Reihe von Universitäten über spezifische Programme angeboten (Cnaan/Ghose 2018, 231).

Voraussetzung für die Aufnahme in einem der zwei- bis fünfjährigen Promotionsprogramme ist ein besonders erfolgreicher Abschluss eines einschlägigen meist zweijährigen Master-Studienganges, der auf ein in der Regel vierjähriges Bachelor-Studium aufbaut. Dabei wird *Social Work* in den USA nach wie vor eher generalistisch verstanden. Hochgradig spezialisierte Studiengänge wie aktuell vielerorts in Deutschland sind eher selten. Allerdings wird in den USA klar zwischen *Social Work* und *Clinical Social Work* unterschieden und konzeptionell finden sich vereinzelt Ansätze der *Political Social Work*. Vor allem die „Klinische Sozialarbeit" hat in den USA im Verlauf der letzten drei Jahrzehnte eine starke Stellung entwickelt. Zugleich kann der Grad der Spezialisierung im Vergleich zu Deutschland aber doch als moderat bezeichnet werden.

In den einzelnen Bundesstaaten sind die staatlichen Regulierungen zu den Curricula in den Studiengängen auf allen drei Ebenen (BA, MA und Promotion) sowie zu erforderlichen Lizenzen und Anerkennungen zum Teil unterschiedlich. Auch wenn sich die *National Association of Social Workers (NASW)* seit vielen Jahren um eine einheitliche Definition und um landesweit geltende Regulierungen zu den Ausbildungsstandards und Anerkennungsvoraussetzungen lizensierter Sozialer Arbeit bemüht, konnten diese bisher nicht erreicht werden. Die Möglichkeiten und Regulierungen zu Forschung und Promotionen unterscheiden sich in den Bundesstaaten ebenfalls. Wie Orwat/Besinger (2015, 144) aufzeigen, dominiert inzwischen sogar das Verständnis von „Klinischer Sozialarbeit".

Im internationalen Vergleich sind in den USA dabei deutlich mehr Fachkräfte in privaten Organisationen und nicht bei öffentlichen Trägern beschäftigt. Dies sind gravierende Unterschiede im Vergleich der Strukturen zu Schweden und Deutschland und sie bestätigen bis heute die Typologie wohlfahrtsstaatlicher Regime nach Esping-Andersen (1990) sowie je länderspezifisch verknüpfte Entwicklungspfade von Sozialpolitik, Sozialer Arbeit und Wissenschaftspolitik.

Historisch war die US-amerikanische (klinische) Soziale Arbeit bereits früh am Gesundheitswesen, an der Medizin, der Psychoanalyse und an der Psychologie ausgerichtet. Anfängliche Verbindungen, die in den 1920er-Jahren gerade auch in der Forschung noch eher mit der Soziologie bestanden, wurden so erweitert bzw. verändert. Aktuelle Trends verweisen auf eine wachsende Bedeutung evidenzbasierter Ansätze, die aus der Medizin stammen und in der Klinischen Sozialarbeit besonders prominent sind. Studien zeigen, dass trotz wachsender sozialer und ökonomischer Ungleichheiten ein anwaltliches Engagement, politische Bezüge sowie Handlungsansätze, die die gesellschaftliche Makro-Ebene in den Ursachenanalysen und in der Bearbeitung sozialer Probleme stärker beachten, vergleichsweise wenig berücksichtigt werden. Dies gilt für die Curricula an Universitäten, für die bundesstaatlichen Regulierungen der Ausbildungsstandards und auch für die Forschung sowie bei der Wahl von Promotionsthemen (Orwat/Besinger 2015; Lightfoot et al. 2018).

Originäre Promotionen in zwei Varianten („PhD“ und „DSW“)

Mit Blick auf die Übergänge nach einem Master-Abschluss und einer zum Teil mehrjährigen Berufspraxis in ein Verfahren bzw. Studium zum Erwerb des Doktorgrades wäre empirisch genauer zu prüfen, ob die Master-Studiengänge in *Social Work* eher forschungsorientiert oder eher praxisorientiert ausgerichtet sind. Landesweite Daten liegen dazu für die USA offenbar nicht vor. Vor allem die universitären PhD-Programme erfordern theoretisch und forschungsmethodisch besondere Kompetenzen, die in der Regel in einem praxisorientierten Master-Programm sowie über Berufspraxis nicht vermittelt werden (Lightfoot/Beltran 2018). Allerdings bieten praxisorientierte Master-Programme durchaus den Zugang zu den ebenfalls eher praxisorientieren Doktorandenprogrammen *(DSW)*. In diesen Programmen scheint der Übergang von beruflichen Tätigkeiten in der sozialarbeiterischen Praxis zurück in Forschung und Lehre an die Universität zeitlich offener möglich.

So bildet sich für die USA einerseits klar ab, dass die Soziale Arbeit mit ihren universitären Studiengängen gerade auch in der Forschung den anderen wissenschaftlichen Disziplinen weitgehend gleichgestellt ist. Dabei zeigt sich, dass in den Promotionsprogrammen zudem noch genauer zwischen den eher forschungsorientierten PhD-Programmen und den stärker praxisorientierten Doktoraten in *Social Work (DSW)* unterschieden wird. Vergleichbare Strukturen finden sich für die Soziale Arbeit allenfalls in Schweden, aber bisher nicht im deutschen Hochschulsystem.

Wie Lightfoot/Beltran (2018, 5) aufzeigen, werden in den USA die jeweiligen (spezialisierten) Promotionsprogramme der Förderung des eher theorie- und forschungsbezogenen PhD-Abschlusses und die praxisorientierten Doktorandenprogramme *(DSW)* durchaus kontrovers diskutiert. Bereits in den 1950er-Jahren wurde im Fachdiskurs der Programmverantwortlichen von Universitäten und in den Verbänden der Sozialen Arbeit die Frage thematisiert, welches der beiden Promotionsprogramme aus welchen Gründen zu bevorzugen sei. So setzt sich das landesweite Netzwerk *GADE (Group for the Advancement of Doctoral Education in Social Work)* nach wie vor stärker für die Förderung von Forschung über den Ausbau der klassischen PhD-Programme ein. Mit Stand 2018 gab es in den USA landesweit 82 universitäre PhD-Programme, die im Fördernetzwerk *GADE* organisiert waren.[1] Neben der Förderung von Ressourcen und verbesserter Finanzierung, einem Erfahrungsaustausch, der Organisation von Konferenzen und der Formulierung von Richtlinien für Promotionen bilden die Sicherung und Verbesserung von Standards in den Forschungsmethoden und in der Betreuung und Begleitung von PhD-Studierenden die zentralen Ziele des landesweiten Netzwerkes *GADE*. Sowohl in den Zielsetzungen dieses Promotionsnetzwerkes als auch mit Blick auf die regelmäßige Erhebung von Daten lassen sich für den deutschen Fachdiskurs Anregungen finden.

Förderung des wissenschaftlichen Nachwuchses

Vom *Council on Social Work Education (CSWE)* werden in den USA jährlich statistische Daten zu den Studiengängen mit Bachelor- und Master-Abschluss in *Social Work* veröffentlicht. Ferner werden Daten zu den Promotionsstudiengängen vorgelegt. Diese lassen seit 1952 die Entwicklungslinien eines Ausbaus der Sozialen Arbeit und auch der Forschung in der Sozialen Arbeit klar erkennen. Die Daten beinhalten zwar keine Vollerhebung, die sämtliche in den USA bestehenden Doktoranden-Programme be-

1 Details siehe unter: www.gadesocialwork.org.

rücksichtigt. Sie bieten dennoch Rückschlüsse zum Bestand, zur Struktur und zu aktuellen Trends bei Promotionsstudiengängen: Im Rahmen der Erhebung des *CSWE* (2020) wurden für 2019 insgesamt 98 Doktoranden-Programme erfasst, darunter 18 praxisbezogene Programme *(DSW)* und 80 forschungsbezogene Programme (PhD). In den erfassten praxisorientierten „DSW-Programmen" waren 1.536 und in den forschungsbezogenen „PhD-Programmen" 1.885 Doktorandinnen und Doktoranden eingeschrieben. Erkennbar ist, dass trotz eines Ausbaus der praxisbezogenen Promotionsmöglichkeiten *(DSW)* in den vergangenen zwei Jahrzehnten nach wie vor die forschungsorientierten „PhD-Programme" dominieren. Insgesamt waren zum Jahresende 2019 in den USA mindestens 3.412 Doktorandinnen und Doktoranden in einem der erfassten Promotionsprogramme der Sozialen Arbeit eingeschrieben. Die Anzahl der jährlich abgeschlossenen Promotionen für 2018/2019 wurde in der Erhebung für 14 von 18 befragten praxisorientierten Programmen (*DSW*) mit 243 *doctoral degrees (DSW)* angegeben. Für 67 der erfassten 80 forschungsbezogenen Promotionsprogramme wurden 294 vergebene *doctoral degrees (PhD)* genannt. Landesweit wurden somit 2019 insgesamt 537 abgeschlossene Promotionen ausgewiesen (CSWE 2020). Eine Vollerhebung an allen Universitäten würde für die USA noch höhere Werte ergeben.

Auch wenn die Aussagekraft der vorliegenden Daten begrenzt ist, zeigt sich, dass im Vergleich zu Deutschland und Schweden die Soziale Arbeit in den USA im Bereich der Förderung von Promotionen – oft mit direkter empirischer Forschung verbunden – deutlich stärker entwickelt ist (siehe Tabelle in Kapitel 5). Diese seit vielen Jahren bestehende besondere Stärke der US-amerikanischen Sozialen Arbeit, die vor allem in den forschungsbasierten Promotionen (PhD) zu sehen ist, mag mit erklären, warum der internationale Diskurs zu den als „innovativ" geltenden Methoden und zu neueren Ansätzen in der Sozialen Arbeit in hohem Maße über Einflüsse aus den USA geprägt wurde und wird. Konzepte der dynamischen Armutsforschung, das Case Management, die Idee der *Food Banks*, das *Service User Involvement*, oder aktuell das *Housing First* in der Wohnungslosenhilfe bilden alle Ansätze, die theoretisch, konzeptionell und methodisch in den USA aus dem Zusammenwirken von Praxis und Forschung entwickelt wurden. Im Rahmen eines internationalen *policy-learning* wurden diese Ansätze inzwischen auch in europäischen Wohlfahrtsstaaten in die Praxis eingeführt. Nicht zuletzt spielen Fachartikel und Forschungsberichte der zahlreichen Doktorandinnen und Doktoranden in internationalen Fachzeitschriften, auf einschlägigen Tagungen und auf Internetplattformen für die Wissensdiffusion aus den USA eine wichtige Rolle.

Forschungsförderung in marktliberalen und verbandlichen Wettbewerbsstrukturen

Resümieren lässt sich, dass in den USA die Regulierung und Förderung von Promotionen vor allem im Rahmen verbandlicher Strukturen der Sozialen Arbeit in ihren Organisationen wie der *NASW*, der *GADE* und dem *CSWE* erfolgt. Weder die Regierungen der einzelnen Bundesstaaten noch die Zentralregierung sehen eine direkte Verantwortung für die entsprechende Förderung und weitere Entwicklungen im Bereich von Promotionen und Forschung für die Soziale Arbeit. Hierin unterscheidet sich das eher „liberale" US-amerikanische System deutlich vom durch zentralstaatliche Regulierungen und Förderprogramme geprägten „sozialdemokratischen" Wohlfahrts- und Hochschul-Regime in Schweden. Die staatliche Regulierung und Förderung von Forschung und Promotionen in der deutschen Sozialen Arbeit dürfte „in between" – also zwischen dem „liberalen" US-amerikanischen und dem „sozialdemokratischen" schwedischen Wohlfahrtsregime – zu verorten sein. Soziale Arbeit in Deutschland ist auch in der Forschung bis heute eher „konservativ" und zugleich subsidiär und föderal strukturiert.

Für die US-amerikanische Soziale Arbeit seien hier kurz noch aktuelle Herausforderungen skizziert, die im Kontext der Förderung von Forschung und Promotionen (PhD und *DSW*) im Fachdiskurs thematisiert werden. Eine Herausforderung ist (auch) in den USA ein Mangel an Fachkräften in universitären Studiengängen der Sozialen Arbeit, die hinreichend qualifiziert und erfahren sind, um vor allem in Master-Studiengängen und in Promotionsprogrammen die Lehre zur Theorie und in den Forschungsmethoden zu leisten (Cnaan/Ghose 2018, 229 f.). Diejenigen Lehrkräfte, die stark forschungsorientiert den PhD erworben haben, erweisen sich für die Anforderungen der Didaktik in der Lehre und Betreuung in Doktorandenprogrammen als nicht so gut qualifiziert wie die Fachkräfte mit einem praxisorientierten Doktorgrad (*DSW*). Diese verfügen oft über bessere didaktische Kompetenzen und bringen zugleich berufspraktische Erfahrungen mit. Allerdings fehlen ihnen teilweise spezifische theoretische Kenntnisse und forschungsmethodische Kompetenzen. Insofern ist eine wechselseitige Qualifizierung und Fortbildung auf hohem wissenschaftlichen und didaktischen Niveau auch nach einer erfolgreichen Promotion weiterhin erforderlich und aktiv zu fördern.

Weiterhin bilden sich im Verhältnis von direkt auf die Disziplin der Sozialen Arbeit bezogenen Forschungsansätzen und -methoden zu neueren Ansätzen der disziplinübergreifenden Forschung, wie sie etwa im Gesundheitswesen entwickelt werden, Herausforderungen ab. Aktuell erhalten inter- bzw. transdisziplinäre Forschungsansätze und -methoden, die die bisherigen Grenzen und

Spezialisierungen in der Sozialen Arbeit erweitern, vor allem in der Drittmittelforschung hohe Priorität. Sie erfahren in den Leitungsgremien der Universitäten besondere Aufmerksamkeit und werden strategisch besonders gefördert. Zugleich gibt es viele Themen und Forschungsansätze, die in einer zunehmend polarisierten Gesellschaft gerade in der Sozialen Arbeit (originär und spezialisiert) zu analysieren wären. Genau über diese Forschungsthemen könnte sie ihr Profil gesamtgesellschaftlich und politisch schärfen. Beide Strategien lassen sich bei begrenzt vorhandenen Mitteln gleichzeitig kaum realisieren, was einzelne Befunde zur Zukunft der Forschung und der Promotionsprogramme aufzeigen (Cnaan/Ghose 2018, 227 f.).

In gewisser Weise bildet sich dabei in den USA mit dem Aufschwung der Klinischen Sozialarbeit in den vergangenen drei Dekaden gleichzeitig auch eine „Entpolitisierung" der Sozialen Arbeit ab, die sich mit empirischen Daten zur Relevanz von *Social Policy in Social Work PhD Programs* von Lightfoot et al. (2018) belegen lässt. Die Auswertung der Themen abgeschlossener Doktorarbeiten der Jahre 1995 bis 2018 und auch die Analysen der Curricula und Lehrinhalte aus 37 landesweiten Doktoranden-Programmen ergab, dass Sozialpolitik, politische Rahmenbedingungen und die Makro-Ebene sozialer Probleme, sowie soziale Interventionen und Forschungsansätze, die explizit auf diese Dimensionen Sozialer Arbeit bezogen sind, insgesamt (zu) randständig sind. Deutlich wird, dass Ansätze politikwissenschaftlicher Forschung sowie Promotionen, die stärker auch die Makro-Ebene und ökonomische sowie institutionelle Rahmenbedingungen Sozialer Arbeit zum Thema haben, in Zukunft mehr Beachtung finden müssten, um Tendenzen der „Entpolitisierung" und einer zu einseitigen (klinischen) Ausrichtung der US-amerikanischen Sozialen Arbeit zu begegnen.

Weitergehend stellen sich Herausforderungen mit Blick auf die zukünftige gesellschaftliche Stellung von Universitäten in ihrer Forschung und in den Promotionsprogrammen. Erkennbar ist ein Wandel der US-amerikanischen Universitäten, die ehemals „kritisch-reflexive" Funktionen in der Begleitung und Ausrichtung des sozialen Wandels innehatten, hin zu heute eher „pragmatischen" Funktionen, die primär auf die Qualifizierung von Fachkräften und die Produktion (ökonomisch) verwertbaren Wissens ausgerichtet sind (Cnaan/Ghose 2018, 227 ff.). Neben diesen Herausforderungen werden in der Fachliteratur die Entwicklungen der Globalisierung, veränderte globale Machtstrukturen sowie eine künftige Lehre und Forschung unter dem Einfluss von Digitalisierung und hochgradig vernetzter technischer Strukturen genannt. Insoweit scheint derzeit ungewiss, ob die Soziale Arbeit in bzw. aus den USA gerade auch in der Forschung bei sich rasch verändernden globalen bzw. internationalen Strukturen ihre bisherige starke Stellung künftig wird erhalten können.

4. Schweden: Originäre Forschung an Sozialhochschulen, Universitäten und „Nationaler Forschungsschule" seit den 1970er-Jahren

Wie in den USA nahm auch in Schweden die heutige Ausbildungs- und Studienstruktur der Sozialen Arbeit ihren Ausgangspunkt direkt an den Universitäten, allerdings zeitlich erst nach einer Hochschulreform im Jahr 1977. Zu Beginn des 20. Jahrhunderts erfolgte die Ausbildung in der damals noch stark protestantisch geprägten schwedischen Fürsorge in den 1910er- und 1920er-Jahren ähnlich wie in den Sozialen Frauenschulen im Deutschen Reich und in der Weimarer Republik. In praxisorientierten Kursen des schwedischen Zentralverbandes für Soziale Arbeit *(Centralförbundet för Socialt Arbete)* wurden praxisnah Grundkompetenzen für die lange protestantisch geprägte Fürsorge vermittelt, jedoch zunehmend säkularisiert. Der Verband war 1903 von gesellschaftlich und politisch engagierten Frauen gegründet worden. Die Soziale Arbeit war damals noch kaum hauptberuflich strukturiert, sondern wurde überwiegend ehrenamtlich erbracht (Brunnberg 2013).

Ein Meilenstein für den späteren universitären Entwicklungspfad schwedischer Sozialer Arbeit war 1921 die Gründung des ersten öffentlichen *Socialinstituts* an der Universität Stockholm. Dieser Ausbildungsstätte war das Institut *SOPIS* angegliedert, das bereits damals Aufgaben praktischer Sozialpolitik, die Ausbildung der kommunalen Fachkräfte für die Soziale Arbeit und auch Forschung integriert zusammenführte. Es galt als Modell für die weiteren Entwicklungen. Doch erst 1944 wurden zunächst in Göteborg, 1947 in Lund und 1962 in Umeå ebenfalls *Socialinstitute* als Ausbildungsstätten für die Soziale Arbeit eingerichtet. Die öffentlichen Ausbildungsstätten der Sozialen Arbeit an den vier Standorten wurde 1964 in „Sozialhochschulen" *(Socialhögskolor)* umbenannt. Sie qualifizierten zunächst „freistehend" als Hochschulen außerhalb der Universitäten die Fachkräfte für die Soziale Arbeit im Rahmen eines Magister-Studiums. Die wachsende Zahl der Fachkräfte wurde in den sozialen Einrichtungen dringend benötigt, denn zwischen 1930 und 1976 wurde zeitgleich der Wohlfahrtsstaat in Regierungsverantwortung der Sozialdemokratie umfassend ausgebaut. Ganz überwiegend wurden Sozialarbeiterinnen und Sozialarbeiter bei den Kommunen beschäftigt und nur wenige bei freien Trägern.

Eine Hochschulreform stellte 1977 endgültig die Weichen in Richtung einer universitären und damit vollakademischen Ausbildung für die Soziale Arbeit, was die Forschung direkt stärkte. Die damalige Reform ging mit erweiterten zentralstaatlichen Regulierungen und einem Ausbau der steuerlichen Förderung für die Studiengänge der Sozialen Arbeit einher. Vier der seinerzeit sechs freistehenden Sozialhochschulen wurden direkt an die Universitäten in Stockholm, Lund, Göteborg und Umeå überführt. In Östersund und Örebro wurden die beiden Sozialhochschulen den dort bestehenden Hochschulen *(Högskolor)* angegliedert. Seitdem handelte es sich überwiegend um universitäre Studiengänge, die mit einem Magister-Abschluss in Soziale Arbeit *(Socialt Arbete)* abschlossen. Das Fach Soziale Arbeit wurde als akademisches Fach hochschulrechtlich klar normiert und anerkannt (Brunnberg 2013). Bereits der damalige universitäre Magister-Abschluss ermöglichte den Fachkräften der Sozialen Arbeit den Zugang zur Promotion und damit zu einer wissenschaftlichen bzw. akademischen Laufbahn in Lehre und Forschung.

Vergleichbare Strukturen bestanden in der deutschen Sozialarbeit Ende der 1970er-Jahre in keiner Weise. Während Forschung in der Sozialen Arbeit in Deutschland an den Fachhochschulen randständig bzw. den universitären Bezugswissenschaften überlassen blieb, wurde in Schweden die originäre Forschung in der Sozialen Arbeit infolge der Eingliederung der Sozialhochschulen in die Universitäten im Verlauf der 1980er-Jahre explizit ausgebaut (Dellgran/Höjer 2011, 86). Die ersten Professoren (alle männlich) an den vier genannten Universitäten initiierten ab Anfang der 1980er-Jahre erste Forschungsprojekte, in denen Doktorandinnen und Doktoranden regulär als wissenschaftlich Mitarbeitende beschäftigt wurden (Kristiansen 2019, 7).

Mit Stand 2022 war das Fachgebiet der Sozialen Arbeit an insgesamt 19 Standorten in ganz Schweden etabliert und zwar ganz überwiegend an Universitäten und nur sehr vereinzelt (noch) an Hochschulen *(Högskolor)*. Bis heute werden das Studium und die Ausbildung der Sozialen Arbeit meist als *Socionomutbildning* bezeichnet. Der Studienabschluss *Socionom* beinhaltet ein mindestens 3½-jähriges Bachelor-Studium an einer Universität oder Hochschule, wobei die Praktika in das Studium integriert sind (Salonen/Panican 2022, 210 ff.). Ähnlich wie in den USA blieb in Schweden die Sozialpädagogik, wie sie in den 1970er und 1980er-Jahren in Deutschland an Fachhochschulen und an pädagogischen Fakultäten einzelner Universitäten verstanden bzw. entwickelt wurde, seit Gründung der universitären Sozialhochschulen randständig. Die Randstellung der schwedischen *Socialpedagogik* im Vergleich zum Studium in *Socialt Arbete* bildet sich auch darin ab, dass die Möglichkeiten zur Promotion in der Sozialpädagogik deutlich schlechter waren und weiterhin begrenzt sind. Sowohl fachlich als auch hochschulpolitisch wird unter Sozialer Arbeit in Schweden seit 1977 bis heute vor allem das verstanden, was über die Curricula in den Studiengängen unter dem Begriff *Socialt Arbete* bzw. mit der *Socionomutbildning* reguliert ist, für entsprechende Handlungsfelder qualifiziert und über Theorie und Forschung wissenschaftlich definiert ist.

Somit besteht in Schweden eine 100-jährige Tradition der akademischen Ausbildung in der Sozialen Arbeit, die seit Ende der 1970er-Jahre als vollakademisiert und universitär gelten kann. In den 1960er- und 1970er-Jahren wurden zwar zunächst drei Pfade durch curriculare Schwerpunktsetzungen unterschieden. Einerseits die „Verwaltungslinie" *(förvaltningslinjen)*, über die Fachkräfte für die kommunalen Sozialdienste als „Sozialsekretäre" ausgebildet wurden und z.B. in der Sozialhilfe tätig waren (Schwarze 2012). Daneben die „soziale Linie" *(sociala linjen)*, in der Studium und Lehre stärker auf sozialberaterische und pädagogische Kompetenzen ausgerichtet waren. Und drittens die „theoretische Linie" *(teoritiska linjen)*, die sich explizit auf die Förderung des wissenschaftlichen Nachwuchses in der Forschung ausrichtete (Brunnberg 2013).

Nachdem 1977 die Sozialhochschulen in die Universitäten integriert und Soziale Arbeit damit anderen wissenschaftlichen Disziplinen gleichgestellt war, erfolgt(e) die grundlegende Ausbildung in der Sozialen Arbeit bis heute in einem generalistischen Verständnis. Besondere Spezialisierungen oder Differenzierungen richten sich heute nicht an spezifischen Handlungsfeldern, Aufgaben oder Methoden aus, sondern stellen sich an den Universitäten eher über die Frage nach der Praxis- und/oder Forschungsorientierung. Vor allem in den landesweit wenigen Master-Studiengängen der Sozialen Arbeit werden das Theoriewissen und die Forschungsmethoden priorisiert. Das Master-Studium führt besonders qualifizierte und engagierte Nachwuchskräfte in relativ verlässlichen Strukturen zu einem oft direkt anschließenden Doktorat und stärkt damit direkt die Forschung zur Sozialen Arbeit.

Neben den traditionsreichen Universitäten Stockholm, Lund und Göteborg kamen Umeå, Örebro und Östersund bereits in den 1980er-Jahren hinzu. Außerdem bestand das „Sköndalsinstitutet“ in Stockholm als einzige Ausbildungsstätte in kirchlicher Trägerschaft. Eine breite Struktur privater und kirchlicher Hochschulen oder Akademien sowie ein System, das der deutschen Fachhochschul-Struktur ähnlich wäre, gab es in Schweden nie. Sieht man die schwedischen Hochschulen *(Högskolor)* bzw. die früheren Sozialhochschulen als den deutschen Fachhochschulen vergleichbar an, dann wird umso deutlicher, dass es in Schweden (politisch) gelungen ist, die Soziale Arbeit in ihrem akademischen Status, im Selbstverständnis und in ihren Möglichkeiten der Forschung von einem ehemals teilakademischem Status und Entwicklungspfad auf einen völlig neuen und heute selbstverständlichen vollakademischen Status und Pfad zu überführen. Seit Ende der 1970er-Jahre wurde damit auch das originäre Promotionsrecht in der Sozialen Arbeit institutionalisiert.

Staatliche Regulierung: Curricula, Promotionen und Forschungsförderung an Universitäten

Spätestens seit den 1990er-Jahren ist das Studium der Sozialen Arbeit in den Curricula und mit Blick auf die Abschlüsse (Magister, Bachelor, Master und Doktorgrad) in Schweden landesweit einheitlich zentralstaatlich reguliert und gesteuert. Die Regulierung der heutigen akademischen Ausbildung zum *Socionom* erfolgt sowohl über das nationale Hochschulrecht, über Zulassungsverfahren und im Rahmen regelmäßiger Evaluationen der staatlichen Aufsichtsbehörde *(Högskolverket)*. Auch darüber ist die generalistische Ausrichtung normiert. Hochgradig spezialisierte Bachelor-Studiengänge, beispielsweise „Sozialwirtschaft“ oder „Sozialmanagement“ oder auch „Sozialberatung“, wie sie inzwischen an (Fach-)Hochschulen in Deutschland üblich sind und immer häufiger als „duale Studiengänge“ konzipiert werden, gibt es in

Schweden bisher nicht. Die Übergänge von einem forschungsorientierten Master-Studiengang der Sozialen Arbeit in eine Promotion und damit in die Forschung sind einerseits relativ offen und andererseits im Rahmen von Begleitung und Betreuung durch die Lehrenden strukturiert und verlässlich gestaltet.

Im Rahmen eines Ausbaus und der Akkreditierung weiterer Standorte sind seit Beginn der 2000er-Jahre unter anderem auch die ehemaligen Hochschulen und heutigen Universitäten in Malmö, Växjö und Karlstad als Ausbildungs- und Forschungsstätten der Sozialen Arbeit fest etabliert. Inzwischen stehen die einzelnen Universitäten durchaus in einem Wettbewerb untereinander. Zugleich finden aber in der Sozialen Arbeit fachlich, forschungsmethodisch und strategisch vielfältige Formen des Zusammenwirkens *(Samverkan)* statt. Dies gilt in besonderer Weise für die Akquise staatlicher und/oder privater Forschungsmittel sowie in der Förderung der Doktorandenprogramme. Während in Deutschland ein „Dschungel" oder „Wildwuchs" an Studienangeboten und in der Förderung von Forschung und wissenschaftlichem Nachwuchs besteht, wurden in Schweden relativ klare und überschaubare Strukturen entwickelt. Während in Deutschland mit Stand 2020 bundesweit über 200 Studiengänge an FH/HAW und nur noch ganz vereinzelte universitäre Studiengänge der Sozialen Arbeit existieren und eine klare Strategie zur Forschungsförderung fehlt, zeigt sich für Schweden mit landesweit aktuell 19 Standorten für das grundständige Studien- und Qualifizierungsangebot der Sozialen Arbeit eine gut nachvollziehbare Struktur. Dies gilt auch für die nicht an allen Standorten vorhandenen Master-Studiengänge und mehr noch für die in Schweden seit 2008 besonders geförderten und längst etablierten öffentlichen Forschungs- und Doktorandenprogramme der Sozialen Arbeit. Diese deutlichen Unterschiede lassen sich nur im historischen Rückblick verstehen.

Die erste universitäre Professur im Fachgebiet Soziale Arbeit wurde in Schweden bereits 1977 an der Universität Göteborg eingerichtet. Im Jahr 2003 gab es landesweit 25 Professuren in Sozialer Arbeit, wobei 65 % von Männern und 35 % von Frauen besetzt waren. Die Anzahl der Professoren und Professorinnen ist bis 2020 auf 66 Stellen an den aktuell 19 Standorten gestiegen (Salonen/Panican 2022, 221). Entsprechend wurden auch die Möglichkeiten zur Forschung und in der Begleitung und Betreuung von Promotionen erweitert. Daneben bilden Lektorate und hauptamtliche Dozenten-Stellen sowie Doktorate die personellen Ressourcen der Studiengänge in der Sozialen Arbeit. Häufig sind Doktorandinnen und Doktoranden regulär für die Dauer von bis zu vier Jahren an den Universitäten bzw. promotionsberechtigten Hochschulen beschäftigt. Sie können darüber ihr Promotionsvorhaben relativ verlässlich finanzieren. Von 98 Stellen in 2008 hat sich die Zahl der an den schwedischen Universitäten in den Studiengängen der Sozialen Arbeit hauptamtlich beschäftigten Doktorandinnen und Doktoranden auf insgesamt 135 Stellen in 2020 deutlich erhöht. Ca. 60 % der im Jahre 2020 beschäftigten hauptamtlichen Fach-/Lehrkräfte an den 19 universitären Ausbildungsstandorten der Sozialen Arbeit waren bereits promoviert, darunter 68 % Frauen und 32 % Männer (Salonen/Panican 2022, 221 ff.).

An den Universitäten ist seit den 1980er-Jahren ein klarer Bedeutungszuwachs der Promotion als Voraussetzung für Tätigkeiten in Lehre und Forschung für die Soziale Arbeit erkennbar. Dabei gibt es zwischen den einzelnen Standorten auch Unterschiede, die mit Daten nicht näher belegt sind. Empirisch belegt ist jedoch, dass 60 % derjenigen, die an den Universitäten hauptberuflich in der Lehre zur Sozialen Arbeit tätig sind, auch selbst über einen originären Studienabschluss in der Sozialen Arbeit verfügen – häufig in Form des PhD in *Socialt Arbete*. Dies bringt es aber mit sich, dass die heutigen Lehrkräfte – nicht zuletzt infolge ihrer mehrjährigen

Arbeit in der Forschung bzw. an einer Promotion – insgesamt weniger Praxiserfahrungen und eine geringere Verortung in der Praxis aufweisen als die Lehrkräfte der Sozialen Arbeit in den 1970er- bis 1990er-Jahren. Eine aktuelle Herausforderung in den Studiengängen der Sozialen Arbeit an schwedischen Universitäten ist somit ein Mangel an Praxisbezug und Praxiserfahrungen mancher Dozentinnen und Dozenten. Zugleich bestehen aber regional vielfältige Praxis-Forschungs-Kontakte zwischen den Universitäten und den lokalen Trägern der Sozialen Arbeit. Ganz überwiegend handelt es sich dabei um Sozialdienste der Kommunen bzw. um öffentliche soziale Einrichtungen im Gesundheitswesen und in der staatlichen Arbeitsmarktpolitik. Der Großteil der Sozialarbeiterinnen und Sozialarbeiter ist in Schweden – anders als in den USA – im öffentlichen Sektor tarifrechtlich abgesichert beschäftigt.

Originäres Promotionsrecht und „Nationale Forschungsschule Soziale Arbeit"

Nachdem seit 1977 die Universitäten das originäre Promotionsrecht im Fachgebiet der Sozialen Arbeit erhielten, verlieh dies auch der Forschung in der Sozialen Arbeit eine neue Dynamik. Die erste Promotion (PhD) im Fachgebiet Soziale Arbeit wurde 1980 an der Universität Göteborg abgeschlossen und 1981 veröffentlicht (Kristiansen 2019). Die universitäre Forschung in der Sozialen Arbeit wurde gesetzlich von der staatlichen Aufsichtsbehörde *(Högskolverket)* als grundlegend angesehen, und steuerfinanzierte Forschungsmittel trugen in den 1980er-Jahren wesentlich zur Institutionalisierung von Promotionen und einer Stärkung der Forschung in der Sozialen Arbeit bei. Schon damals wurden erste spezifische Doktorandenprogramme für die Soziale Arbeit aufgelegt und aus Steuermitteln finanziert (Dellgran/Höjer 2011).

In den Jahren zwischen 1980 bis 2012 wurden landesweit im Fachgebiet der Sozialen Arbeit 319 Doktorarbeiten an insgesamt neun Universitäten und Hochschulen abgeschlossen, die über das Promotionsrecht verfügten (Brunnberg 2013). Seitdem hat sich die Zahl der in Schweden originär in der Sozialen Arbeit abgeschlossenen Promotionen auf rund 400 veröffentlichte Dissertationsschriften erhöht (Kristiansen 2019, 7). Dabei werden Forschung und Promotionen seit der Hochschulreform 1977 nicht losgelöst von der Lehre und der grundständigen Ausbildung in den Inhalten und Methoden der Sozialen Arbeit gesehen, sondern die Lehrinhalte sollen möglichst weitgehend über die Erkenntnisse der Forschung und aus den Promotionsprojekten bereichert und aktualisiert werden. Genau diese enge Anbindung von Forschung an die Lehre sicherte die hohe Qualität der sozialarbeiterischen Ausbildung, wie Brunnberg (2013) für die Zeit der 1990er- und 2000er-Jahre betont.

Heute besteht für alle Universitäten, die das Fach Soziale Arbeit in der Lehre und Forschung anbieten, das uneingeschränkte Promotionsrecht in *Socialt Arbete*. Auch mehreren Hochschulen *(Högskolor)*, die als Ausbildungs- und Forschungsstandorte der Sozialen Arbeit bisher (noch) nicht in Universitäten überführt wurden (z.B. in Gävle), wurde seit 2010 auf Antrag das uneingeschränkte Promotionsrecht im Fachgebiet Soziale Arbeit von der nationalen Hochschulbehörde verliehen. Auch dies zeigt, dass der Forschung in der Sozialen Arbeit in Schweden wohlfahrtsstaatlich ein hoher Stellenwert zukommt.

Besonders starke Impulse für Forschung und in der Förderung originärer Promotionen gingen in Schweden sowohl an den Universitäten als auch an Hochschulen von den Programmen einer „Forscherausbildung" *(Forskarutbildning)* aus, die spezifisch für die Soziale Arbeit entwickelt und überwiegend aus zentralstaatlichen

Steuermitteln finanziert wurden. Nachdem bereits in den 1980er-Jahren erste Promotionen in der Sozialen Arbeit an den Universitäten Göteborg, Stockholm und Lund möglich waren, nahm im Verlauf der 1990er- und zu Beginn der 2000er-Jahre die Zahl der beschäftigten Doktorandinnen und Doktoranden deutlich zu (Salonen/Denvall 2008, 6). In einem landesweiten Kollegium mehrerer Professorinnen und Professoren von 13 Studienstandorten wurde 2007 die Initiative zu einer „Nationalen Forschungsschule in Sozialer Arbeit“ *(Research School in Social Work [RSSW])* eingeleitet. Zum Herbst 2008 konnte das Programm, das überwiegend aus zentralstaatlichen Steuermitteln sowie über die Hochschulbehörde *(Högskolverket)* und den Wissenschaftsrat *(Vetenskåpsrådet)* finanziert bzw. reguliert wird, seine Arbeit aufnehmen. Dieses Forschungs- und Promotionsprogramm besteht bis heute. Es ist auch im Kontext des Ziels einer stärkeren Evidenzbasierung der Sozialen Arbeit zu sehen. Allerdings zeigen Daten zu den bisherigen Doktorarbeiten, dass nur ca. 10–15% der Studien genauer die Effekte und den Nutzen sozialer Interventionen untersucht haben (Sundell/Stensson 2010; Salonen/Panican 2022). Eines der zentralen Ziele der nationalen Forschungsschule war und ist die koordinierte landesweite und strategische Förderung originärer Promotionen in der Sozialen Arbeit – auch über evidenzbasierte Studien hinausgehend.

Mit Stand 2024 bieten landesweit insgesamt 16 schwedische Universitäten und Hochschulen über die gemeinsame Plattform der *RSSW* den Doktorandinnen und Doktoranden erweiterte und vor allem verlässliche Qualifizierungsangebote und Kurse, die im Rahmen einer Steuerungsgruppe organisiert werden. Die Qualifizierungsangebote, Kurse, internationaler Austausch, Bildung von Doktoranden- und Supervisionsgruppen u.a. werden wechselseitig bzw. je nach Schwerpunkten von den Lehrenden und Forschenden der beteiligten Universitäten und Hochschulen organisiert. Ziel ist es, über die *RSSW* für Promovierende in der Sozialen Arbeit eben originäre Forschung in und zu Themen der Sozialen Arbeit – unabhängig von den Bezugswissenschaften – direkt zu fördern. Ferner sollen deutlich stabilere Strukturen für Forschungsprojekte erreicht werden, um so die jeweiligen Standorte für Forschung finanziell und in der personellen Begleitung von Promotionen koordiniert zu unterstützen (Salonen/Denvall 2008; Stockholm University 2023). Mit diesem strategischen landesweiten Ansatz konnten erhebliche Synergieeffekte erzielt werden, und Soziale Arbeit wurde in ihrer originären Forschung seit 2008 deutlich ausgebaut. Neben der spezifischen auf das Fachgebiet Soziale Arbeit ausgerichteten Forschung und Promotionsförderung finden sich je nach Universität/Hochschule weitere inter- bzw. transdisziplinäre Programme und Projekte mit anderen Fachgebieten mehrerer Universitäten, Hochschulen und in internationalen Kooperationen, beispielsweise im Gesundheitswesen, in Soziologie, Staatswissenschaften oder in den Verwaltungswissenschaften (Brunnberg 2013).

Kooperative Forschung von Universitäten und lokalen Sozialen Diensten

Forschung und Promotionsprojekte in der Sozialen Arbeit werden auch in Schweden entweder über Drittmittel, über individuelle Stipendien und sehr häufig über tariflich gesicherte öffentliche Beschäftigungsverhältnisse für die Dauer von zumeist vier oder fünf Jahren an einer Universität (in Teilzeit- oder Vollzeit) finanziert. Die Lehrverpflichtungen sind für Promovierende meist deutlich geringer als für wissenschaftliche Hilfskräfte an deutschen HAW, denen vergleichsweise weniger Zeit für ihr Promotionsvorhaben verbleibt. Einige der Doktorandinnen und Doktoranden beziehen in Schweden auch staatliche Leistungen der Studienförderung

(Utbildningsbidrag), wenn sie keine reguläre Beschäftigung an einer Universität oder Hochschule (mehr) erhalten.

Seit einigen Jahren finden sich für Promotionsprojekte auch kooperative Förderprogramme zwischen Universitäten bzw. Hochschulen und den Kommunen und Regionalverwaltungen *(Län)*. Auch diese Förderprogramme beinhalten meist ein reguläres Beschäftigungsverhältnis – entweder an der Hochschule/Universität oder bei der Kommune bzw. Region – und damit verlässliche Finanzierungsstrukturen für die oft praxisbezogenen Promotionsprojekte. Exemplarisch ist eine regionale „Forschungsschule für Berufstätige im Sozialdienst“ *(Forskarskolan für yrkesverksamma i socialtjänsten)* zu nennen, die an den Universitäten Lund, Malmö, Göteborg und Växjö in Kooperation mit den jeweiligen städtischen Sozialdiensten initiiert wurde. So erhielten zwischen 2019 und 2021 insgesamt 30 Doktorandinnen und Doktoranden die Möglichkeit zu einer Promotion aus der Berufspraxis heraus.[2] Diese neueren Ansätze ermöglichen mehrjährig in der Berufspraxis tätigen Fachkräften noch den Weg in eine Promotion und damit in wissenschaftliche Tätigkeiten an Hochschulen und Universitäten. Sie fördern zudem den aktiven Austausch zwischen universitärer Forschung und lokaler Praxis.

Ganz allgemein belegen etwas ältere Daten, dass die Forschungsthemen der Dissertationsschriften vor allem auf „Arbeitsmethoden“ in der Sozialen Arbeit sowie auf spezifische soziale Probleme und/oder spezifische „Zielgruppen“ bezogen sind. Weniger häufig werden Themen des Sozialrechts, der Sozialpolitik oder der institutionell-organisatorischen Arrangements behandelt. Forschungsmethodisch überwiegen qualitative Studien gegenüber quantitativen

2 Vgl. Projektbeschreibung unter: https://forskarskolanfys.se/om-forskarskolan.

Arbeiten. Nur selten finden sich in der Sozialen Arbeit bisher forschungsmethodisch kombinierte Varianten (Dellgran/Höjer 2011).

Ähnlich wie in den USA lässt sich auch in Schweden mit Blick auf die Ausrichtung von Promotionen eine anhaltende Diskussion um das Verhältnis von Theorie, Forschung und Praxis beobachten. Modelle aus dem angelsächsischen Raum, wie der stärker praxisbezogene Doktorgrad des *DSW* in den USA oder das *professional doctorate* im Vereinigten Königreich finden in Schweden in einzelnen Kooperationsmodellen von Universitäten und kommunalen bzw. regionalen Sozialen Diensten eine gewisse Aufmerksamkeit (Brunnberg 2013). Formal institutionalisiert sind diese jedoch bisher nicht. Eine kumulative Dissertation, in der mehrere (kürzere) Fachbeiträge unter einer gemeinsamen wissenschaftlichen Fragestellung zu einer Dissertationsschrift zusammengefasst werden, ist in Schweden – ähnlich wie in Deutschland – unter bestimmten Bedingungen individuell möglich.

Resümieren lässt sich für Schweden wie für die USA und ähnlich im Vereinigten Königreich, dass dort im Gegensatz zu Deutschland das originäre Promotionsrecht im Fach Soziale Arbeit bereits seit Ende der 1970er-Jahre besteht und Forschung in der und zur Sozialen Arbeit fachlich integriert ist. In Schweden wird mit der erfolgreichen Disputation der Doktorgrad in Philosophie (PhD) verliehen. Damit ist eine Gleichstellung mit anderen wissenschaftlichen Disziplinen gewährleistet. Im internationalen Vergleich der drei Länder lässt sich ferner erkennen, dass die Voraussetzungen und Rahmenbedingungen von Forschung und damit auch für originäre Promotionen in der Sozialen Arbeit sehr unterschiedlich sind. Im lange „sozialdemokratisch" geprägten schwedischen „Wohlfahrts- und Hochschul Regime", in dem Wirtschafts-, Sozial- sowie Bildungs- und Forschungspolitik seit den 1930er-Jahren integrierte Bereiche einer umfassenden Wohlfahrtspolitik bilden, waren und sind sie günstiger als in den stärker „liberal" strukturierten USA. Dort prägen stärker föderale Strukturen über die Bundesstaaten-Ebene und eine marktliberale Forschungsförderung auch die Forschung in der Sozialen Arbeit. Die deutsche Fachhochschul-Strukturen eines bis heute „konservativen" deutschen Sozialstaates bilden sowohl hochschulpolitisch als auch fachpolitisch international einen Sonderweg ab. Wie dieser allgemeine Befund im Detail zu deuten ist und welche Anregungen sich für den Diskurs zur Sozialen Arbeit als wissenschaftliche Fachdisziplin in Deutschland ableiten lassen, wird nachfolgend reflektiert.

5. Deutschland im internationalen Vergleich: Stärkung von Forschung und Praxis der Sozialen Arbeit über ein originäres Promotionsrecht

Mit den in den USA seit den 1940er-Jahren und in Schweden seit Ende der 1970er-Jahre klaren Entwicklungspfaden der Sozialen Arbeit als früh institutionalisierte, eigenständige universitäre wissenschaftliche Disziplin unterscheiden sich diese sehr vom bisherigen deutschen Pfad einer allenfalls teilakademisierten Sozialen Arbeit (und Sozialpädagogik). In Deutschland wird Soziale Arbeit als Fachgebiet bis heute ganz überwiegend an Fachhochschulen bzw. HAW gelehrt und sie ist in ihren originären Forschungsbezügen schon von daher begrenzt. Auch die Rahmenbedingungen für die Förderung des wissenschaftlichen Nachwuchses sind insgesamt ungünstig. Anders als in den USA und in Schweden verfügen in Deutschland weder die wenigen Studiengänge an Universitäten noch die zahlreichen Fakultäten der Sozialen Arbeit an den HAW bisher über ein allgemein institutionalisiertes originäres Promotionsrecht im Fachgebiet Soziale Arbeit. Mit dem eingangs für das Bundesland Hessen beschriebenen Reformpfad deutet sich jedoch eine Annäherung an internationale Entwicklungspfade und Standards an. Allerdings finden die Soziale Arbeit und spezifische Merkmale der Sozialen Dienste in den Publikationen und Positionspapieren des deutschen Wissenschaftsrates (2023) zu den Entwicklungen im Bereich der Promotionen und des Promotionsrechtes an deutschen HAW – anders als etwa für die Ingenieurswissenschaften – nach wie vor keine Erwähnung. Soziale Arbeit und Soziale Dienste werden hochschulpolitisch in Deutschland nach wie vor unter den „Sozialwissenschaften" und/oder neuerdings häufiger auch unter den „Gesundheitswissenschaften" oder „Human- und Lebenswissenschaften" subsumiert. Auch dies entspricht nicht den internationalen Entwicklungen und Standards, die Soziale Arbeit als originäre Fachdisziplin zu verstehen, und greift vor allem in der Forschung zu kurz.

Die begrenzt vorliegenden statistischen Daten zeigen, dass die Soziale Arbeit bei der Förderung von und den Rahmenbedingungen für Promotionen in Deutschland ungleich schlechter aufgestellt ist als in den USA und Schweden. Vor allem die Daten zu den in den USA erfolgreich in der Sozialen Arbeit abgeschlossenen Promotionen sind beeindruckend. Auch im deutlich bevölkerungsschwächeren und in der Zahl der Universitäten/Hochschulen überschaubaren Schweden ist die Zahl der erfolgreich originär in der Sozialen Arbeit abgeschlossenen Promotionen höher als in Deutschland (siehe tabellarische Übersicht unten).

Soweit für Deutschland überhaupt verlässliche Daten zur Anzahl der Promotionen vorliegen, beziehen sich diese eben nicht auf originäre Promotionen im Fachgebiet Soziale Arbeit (an HAW oder FH), sondern auf Promotionen, die über die sogenannten Bezugswissenschaften inhaltlich oder fachlich einen thematischen Bezug zur Sozialen Arbeit aufweisen.[3] Zugleich werden Promotionen, die an Universitäten in einer der Bezugswissenschaften wie Psychologie, Pädagogik oder Soziologie abgeschlossen werden und einen direkten fachlichen Bezug zur Sozialen Arbeit aufweisen, statistisch nicht vollständig erfasst. Eine über das *Promotionsnetzwerk Soziale Arbeit* zugängliche Liste von Dissertationen *„nach einem* grundständigen FH/HAW-Abschluss in Sozialer Arbeit“ weist mit Stand 2. Februar 2024 bundesweit für 1988 bis 2024 insge-

3 Zu Erfahrungen und Entwicklungen des Promovierens mit FH-Abschluss in der deutschen Sozialen Arbeit vgl. Bouhra (2013) und den Sammelband von Ehlert et al. (2017), darin vor allem Schmitt (2017).

samt 252 Promotionen für die Soziale Arbeit aus.[4] Diese Liste ist aus den genannten Gründen nicht vollständig und die Kriterien der Zuordnung von Promotionen zum Fachgebiet der Sozialen Arbeit wären genauer zu reflektieren. Um international vergleichbare Daten vorliegen zu haben, müssten alle an Universitäten und an den HAW in Deutschland im und zum Fachgebiet der Sozialen Arbeit abgeschlossenen Promotionen systematisch und vollständig erfasst werden. Erkennbar ist bei der aktuell unzureichenden Datenlage aber dennoch, dass Deutschland im Vergleich zu Schweden und mehr noch zu den USA international als Nachzügler anzusehen ist, womit sich zugleich eine schwache Stellung von Forschung für die Soziale Arbeit in Deutschland abbildet.

Abkopplung von internationalen Standards durch „konservative" Strukturen

Die hier ermittelten Unterschiede zur Bedeutung von Forschung lassen sich unter anderem über die als „konservativ" zu typisierende Struktur erklären, in denen deutsche FH bzw. HAW nach wie vor agieren (müssen). Sie sind auch weiterhin in der Sozialen Arbeit in einem hierarchischen System sowohl in den Möglichkeiten zur Forschung als auch im Promotionsrecht den Universitäten und den dort gelehrten Bezugswissenschaften untergeordnet. Nur an wenigen (west-)deutschen Universitäten (z.B. Bielefeld, Bremen, Berlin, Tübingen, Hildesheim, TU Dresden) oder einzelnen Gesamthochschulen, wie z.B. modellhaft in Kassel, konnten seit den 1980er-Jahren Studiengänge der Sozialpädagogik bzw. Sozialarbeit institutionalisiert werden (Grohall 1997, 31, 147).

4 https://docs.google.com/document/d/1-p8G7zEu8PYQ_naisHywhfDTvC5pYitj-h1w3jL5fVE/edit (21. Februar 2024).

Die wenigen universitären Diplom-Studiengänge waren meist an pädagogischen Fakultäten angesiedelt oder bei den „Humanwissenschaften" wie in den 1980er- und 1990er-Jahren an der Universität Bremen. Mehrere dieser ehemals (kleinen) universitären Studiengänge der Sozialen Arbeit wurden seit der Jahrtausendwende geschlossen, und ein originäres Promotionsrecht sowie eine universitäre Institutionalisierung von Forschung im Fachgebiet der Sozialen Arbeit wurde über diese Ansätze nicht wirklich erreicht.

Bis heute ist in kooperativen Promotionsprojekten die Begleitung zu Themen der Sozialen Arbeit (z.B. in Variante des Dr. phil.) für Professoren und Professorinnen an HAW nach den Promotionsordnungen der Universitäten in aller Regel lediglich als Zweit- oder Drittgutachter möglich. Während die Lehrverpflichtung an Universitäten im In- und Ausland meist auf 6–10 Semesterwochenstunden begrenzt ist, schränken die beträchtlichen Lehrverpflichtungen von 18 Semesterwochenstunden die Möglichkeiten für Forschung und die Begleitung von Promotionen für Professorinnen und Professoren an den HAW bzw. FH erheblich ein und erfordern extrem hohes individuelles Engagement. Einzelne Promotionsordnungen an sozialwissenschaftlichen Fakultäten deutscher Universitäten schließen sogar Professorinnen und Professoren der FH bzw. HAW grundsätzlich als Begleiter/in oder Gutachter/in aus, wenn formal keine Habilitation nachgewiesen ist – unabhängig davon, ob die FH-Professorinnen und Professoren bereits vielfältig auf hohem Niveau geforscht und publiziert haben und in ihrem Fachgebiet überregional besonders ausgewiesen sind.

In der Perspektive der Pfadabhängigkeiten lässt sich resümieren, dass die Soziale Arbeit in Deutschland offenbar zu Beginn der 1970er-Jahre von den Höheren Fachschulen in die Strukturen der

Fachhochschulen überführt wurde, ohne dass die bereits damals bestehenden universitären Modelle und Erfahrungen aus den USA oder im skandinavischen Raum Beachtung fanden. Internationale Standards in den Studiengängen der Sozialen Arbeit und in der damaligen Forschung sowie in der Förderung wissenschaftlichen Nachwuchses wurden an den deutschen Fachhochschulen und auch an den Universitäten offenbar in den 1970er- und 1980er-Jahren kaum rezipiert. Selbst bis heute werden sie selten systematisch vergleichend reflektiert. Die Folge war und ist eine Entwicklung, die die Soziale Arbeit in Deutschland im internationalen Kontext als Nachzügler erscheinen lässt und die im Bereich von Forschung und in der Förderung von Promotionen inzwischen mit zu einer Abkopplung von internationalen Standards für den „konservativen" deutschen Sozialstaat geführt hat. Im Ergebnis der ländervergleichenden Analyse bildet sich eine Art *Lock-in-Situation* für die wissenschaftliche Soziale Arbeit in Deutschland ab, die sich institutionentheoretisch und historisch erklären lässt (Pierson 2000, 2004; Beyer 2006; Sydow et al. 2009). Diese *Lock-in-Situation* zeigt auch, dass die deutschen Fachhochschulen im Rückblick doch nicht in jeder Hinsicht als „innovativ" gelten können. Die folgende tabellarische Übersicht zu den Befunden aus dem Ländervergleich veranschaulicht die jeweiligen Entwicklungen zusammenfassend.

Entwicklungspfade von Forschung und Promotionen in der Sozialen Arbeit im Ländervergleich		
USA (liberal)	**Schweden** (sozialdemokratisch)	**Deutschland** (konservativ)
Universitäten: Bachelor-Studium „Social Work" ist „generalistisch", Master der Regelabschluss.	*Hochschulen und Universitäten:* Bachelor-Studium „Socialt Arbeite" ist „generalistisch", Master i.d.R. forschungsorientiert mit Ziel Promotion.	*Fachhochschulen und einzelne Universitäten:* Diplom war „generalistisch". Bachelor „Soziale Arbeit" als Regelabschluss, Master diffus zwischen Praxis und Forschung – oft unklar.
Differenzierung in „Social Work" und „Clinical Social Work". Grad der Spezialisierung: moderat	*Grad der Differenzierung und Spezialisierung:* niedrig	*Grad der Spezialisierung und Differenzierung:* seit 2000er-Jahre hoch.
Originäre Promotion seit 1940er-Jahren in „Social Work" an Universitäten möglich. Zwei Varianten: praxisbezogener „DSW" und forschungsbezogener „PhD"	*Originäre Promotion* seit 1977 in „Socialt Arbete" möglich (PhD), heute an Universitäten und Hochschulen. Keine explizit praxisbezogene Promotion.	*Keine originäre Promotion* in „Soziale Arbeit" möglich (Stand 2023), weder an Universitäten noch an Fachhochschulen (Ausnahme Hessen). Nur Promotion in Kooperation von HAW und Universität in einer „Bezugswissenschaft" möglich.

Entwicklungspfade von Forschung und Promotionen in der Sozialen Arbeit im Ländervergleich		
Anzahl der Promotionen: 2018/19: 243 „DSW" und 294 „PhD"; landesweit mindestens 537 originäre Promotionen in „Social Work".	*Anzahl der Promotionen:* 1980–2012: landesweit 319, Stand 2020 geschätzt ca. 400.	*Anzahl der Promotionen* „nach grundständigem Abschluss (Dipl./Master) in der Sozialen Arbeit" 1988–2024 insgesamt: 252 (Schätzung).
Originäre Forschung in marktliberalen Strukturen (Wettbewerb), Koordination nichtstaatlich über Verbände.	*Originäre Forschung* staatlich reguliert und strategisch gefördert (Kooperationen von Universitäten, Hochschulen und Praxis).	*Originäre Forschung* nur eingeschränkt, subsidiär und föderal reguliert (Wettbewerb und Kooperation = „Koopkurrenz").

Die Institutionalisierung des Fachgebietes einer wissenschaftlichen Sozialen Arbeit an den deutschen Fachhochschulen – und eben nicht an Universitäten – hat seit Ende der 1970er-Jahre vor allem den Zugang zu und die Möglichkeiten für Promotionen und zugleich auch für den Erhalt von Forschungsgeldern im internationalen Vergleich außerordentlich ungünstig geprägt. Zu berücksichtigen ist ferner, dass bereits über die Hierarchie des klassischen deutschen Abiturs und der fachgebundenen Hochschulreife (Fachabitur Sozialwesen) die Zugänge zu universitären Studiengängen bzw. zu Studiengängen an Fachhochschulen bis heute anders strukturiert sind, als das für die allgemeinen Hochschulzugangsberechtigungen in den USA und Schweden gilt. Auch hierin bildet sich im Ländervergleich das Merkmal eines konservativen und selektivistischen deutschen Systems der Bildungs- und Sozialpolitik mit entsprechend ausgeprägter institutioneller Pfadtreue nach wie vor ab.

Wie der Pfad konsequenter Sozialreformen im „sozialdemokratisch" geprägten schwedischen Wohlfahrtsstaat verbunden mit massiven steuerfinanzierten Investitionen in Forschung aber zeigt, wäre schon in den 1970er- und 1980er-Jahren in der damaligen Bundesrepublik eine Integration der Sozialen Arbeit als fachwissenschaftliche Disziplin an Universitäten nach skandinavischem Vorbild möglich gewesen. Auch eine parallele Struktur der universitären Sozialen Arbeit mit originärem Promotionsrecht und starken Forschungsbezügen (PhD) und gleichzeitigem Ausbau der (Fach-)Hochschulen für Soziale Arbeit mit stärkerem Praxisbezug und wechselseitig unterstützenden und ergänzenden Aufgaben sowohl in der Lehre als auch in der Forschung wäre möglich, wie das Beispiel Schweden zeigt. In dieser Perspektive und auch im Blick auf die US-amerikanischen praxisbezogenen Promotionsstudiengänge *(DSW)* ließe sich aktuell an dortige Erfahrungen, Modelle und Pfade anschließen, um originäre Forschung in der Sozialen Arbeit in Deutschland ebenfalls zu stärken.

Als wesentliche Strukturmerkmale von Fachhochschulen im Vergleich zu Universitäten wurden bereits von Grohall (1997) in einem Beitrag zu den Studienreformen unter anderem die hohe Lehrverpflichtung der Professoren und Professorinnen, die Gehalts- und Statusunterschiede, schlechtere Ressourcenausstattung (fehlendes Sekretariat, kein wissenschaftlicher „Mittelbau", usw.), das fehlende Promotionsrecht und eine vergleichsweise geringe Wertung von Praxisforschung klar benannt. Die sogenannte Grundlagenforschung blieb den Universitäten und damit den Bezugswissenschaften überlassen. Für die FH wurde gleichzeitig ein fehlendes fachwissenschaftliches Forschungsprofil als negatives

Charakteristikum benannt, oft auch kritisch gesehen. Bis heute hat sich an diesen Strukturmerkmalen und Statusunterschieden im Vergleich von HAW und Universitäten für die Soziale Arbeit nur wenig verändert. Positiv zu werten ist aber, dass gegenwärtig und perspektivisch in mehreren Bundesländern zur künftigen Stellung der FH bzw. HAW im Bereich von Forschung und in der Forderung nach einem Promotionsrecht ein aktiver Reformdiskurs eingeleitet ist.

Forschungsförderung in föderalen Strukturen „organisierter Unverantwortlichkeit"

Doch nicht nur mit Blick auf Forschung und eine verbesserte Förderung des wissenschaftlichen Nachwuchses in der deutschen Sozialen Arbeit ist die Entwicklungslinie deutscher FH bzw. HAW und die Etablierung von immer mehr „dualen Studiengängen" an nichtstaatlichen Hochschulen kritisch zu reflektieren. Mit Stand 2020 führten laut Hochschulkompass bundesweit über 200 Bachelor-Studiengänge den Begriff „Soziale Arbeit" im Programmtitel, wobei tendenziell eine weitere Spezialisierung und damit ein weniger generalistisches Verständnis von Sozialer Arbeit zu beobachten ist. Auch dieser spezifisch deutsche Trend läuft den internationalen Entwicklungen völlig entgegen. Duale Bachelor-Studiengänge nichtstaatlicher (Fach-)Hochschulen und Akademien fördern zudem eine weitere Entkopplung der wissenschaftlichen Forschung und Theorieentwicklung von der Praxis in der Sozialen Arbeit.

Seit der „Bologna Reform" von 2002 hat sich an den FH bzw. HAW vielerorts auch der Master-Abschluss in der Sozialen Arbeit etabliert. Anders als noch der frühere FH-Diplomabschluss ermöglicht der Master-Abschluss nun auch in der Sozialen Arbeit – zumindest formal – den Zugang zu einer Promotion, ggf. über universitäre Studiengänge wie Pädagogik, Soziologie, Psychologie oder in der Forschung zur Sozialpolitik. Doch nur selten gelingt Absolventinnen und Absolventen aus Master-Studiengängen der Sozialen Arbeit einer FH bzw. HAW der Übergang in ein universitäres Promotionsstudium oder in eines der wenigen sozialwissenschaftlichen Graduiertenkollegs, die zudem meist an sogenannten „forschungsstarken Hochschulen" bestehen und oft über Drittmittel finanziert werden. Über die tatsächlichen Zu- und Übergänge nach erfolgreichem Abschluss eines Master-Studiums in Sozialer Arbeit in ein Promotionsverfahren oder in einen universitären Promotionsstudiengang bis zum Abschluss einer Doktorarbeit ist statistisch bisher so gut wie nichts bekannt. Das aktuelle System der „akademischen" Ausbildung in der Sozialen Arbeit in Deutschland ist gegenwärtig gekennzeichnet durch eine Vielzahl (grundständiger) Studienangebote mit hohem Spezialisierungsgrad, einer oft nicht klar erkennbaren Praxis- oder Forschungsorientierung der Master-Studiengänge in einer föderalen Struktur mit zum Teil unterschiedlichen länderspezifischen Regulierungen (etwa zum Berufsanerkennungsjahr und der staatlichen Anerkennung) und wenig verlässlichen Strukturen in der Förderung von Promotionen und des wissenschaftlichen Nachwuchses. Für die Soziale Arbeit in Deutschland kann insoweit sowohl hochschulpolitisch als auch sozialpolitisch von einer „organisierten Unverantwortlichkeit" mit Blick auf die Zukunft und Perspektiven einer wissenschaftlich basierten Sozialen Arbeit gesprochen werden.

Forschung auf hohem internationalen Niveau ist in derart ungeklärten und letztlich unzulänglichen Strukturen verlässlich nur sehr begrenzt möglich, und strategische Ausrichtungen für künftige Forschung in der Sozialen Arbeit sind so kaum machbar. Zugleich führt das Thema „Promotionen in der Sozialen Arbeit" im Fachdiskurs zur Zukunft der Qualifizierung und Förderung des wissenschaftlichen Nachwuchses und auch mit Blick auf die Praxis der Sozialen Dienste nach wie vor ein Schattendasein. Lediglich dem Engagement Einzelner – und eben nicht fachpolitischen und hochschulpolitischen (staatlichen) Initiativen und Programmen (wie in Schweden) – ist es bisher zu verdanken, dass in Deutschland ein *Promotionsnetzwerk Soziale Arbeit* initiiert wurde, das Interessierten allgemeine Informationen bietet.[5]

Für die Soziale Arbeit kommt erschwerend hinzu, dass die im subsidiär und föderal strukturierten deutschen Sozialstaat dominanten klassischen Kooperationspartner und Praxisorganisationen, die für die Finanzierung von Forschung und Promotionsprojekten nicht nur prädestiniert wären, sondern auch einen unmittelbaren Nutzen davon hätten, in Form der Wohlfahrtsverbände sowie die chronisch unterfinanzierten Kommunen und Landkreise kaum über adäquate Mittel verfügen, um Forschung und Promotionsprojekte in den Handlungsfeldern der Sozialen Arbeit finanziell (über mehrere Jahre) zu fördern. Auch hierin unterscheiden sich die Rahmenbedingungen im Vergleich zu Schweden, denn schwedische Kommunen verfügen über eigene Einnahmen aus der Einkommenssteuer, weisen einen sehr hohen Grad kommunaler Selbstverwaltung auf und können auf Grundlage einer Rahmengesetzgebung die lokale Soziale Arbeit sowie eigene Initiativen zu Forschung und Evaluation in hohem Maße selbst gestalten. Auch in den USA bietet eine Rahmengesetzgebung für die praxisbezogenen Doktorandenprogramme andere Voraussetzungen, als sie mit der deutschen Detailgesetzgebung des Sozialrechts und des Hochschulrechts bisher bestehen. Gleichwohl sind neue Entwicklungspfade für die Soziale Arbeit in Deutschland möglich, und im

5 Der Newsletter des Promotionsnetzwerkes Soziale Arbeit ist zugänglich unter: promotionsrundmail_fh@listserv.dfn.de.

Blick auf eine verbesserte Förderung von Initiativen und Programmen zur Forschung sowie zur Förderung des wissenschaftlichen Nachwuchses sollen mögliche Wege aus der gegenwärtigen *Lock-in-Situation* abschließend kurz skizziert werden.

6. Ausblick: Neue Entwicklungspfade für die Soziale Arbeit in Deutschland

In einer internationalen Perspektive ist die Frage, ob bzw. in welchen institutionellen Arrangements die Soziale Arbeit als Fachgebiet (auch) Forschung braucht, über das originäre Promotionsrecht als universitäre und vollakademisierte Disziplin längst klar beantwortet. Im Ergebnis bildet sich ab, dass der spezifisch deutsche Pfad einer Sozialen Arbeit, verortet und institutionalisiert an den FH bzw. HAW in internationaler Perspektive und im Blick auf Forschung längst als Sonderweg gelten muss, der in eine Einbahnstraße und/oder Sackgasse führt, wenn nicht grundlegende Reformen erfolgen. Zutreffend sprach Silvia Staub-Bernasconi für den deutschsprachigen Raum der Sozialen Arbeit im Spiegel internationaler Ausbildungsstandards bereits von einer „Sackgasse", von einer „verspäteten" und auch (zu) „bescheidenen Profession" (Staub-Bernasconi 2009, 26). Insoweit ist nicht nur in einer innerdeutschen Perspektive, sondern vor allem im internationalen Kontext zu begrüßen, dass aktuelle Reformen in mehreren Bundesländern (z.B. Bayern, Hamburg, Hessen, Nordrhein-Westfalen) ein Promotionsrecht für Hochschulen für Angewandte Wissenschaften ermöglichen und damit auch die Forschung in der Sozialen Arbeit stärken.

Allerdings bildet sich dabei (noch) kein klar erkennbarer (einheitlicher) Reformpfad ab. Eher zeigen sich mehrere und zum Teil konfligierende Reformpfade, die für die Soziale Arbeit nicht alle aus der beschriebenen Lock-in-Situation herausführen, um substanziell eine verbesserte Förderung originärer Forschung und ihres fachspezifischen wissenschaftlichen Nachwuchses zu erreichen. Die möglichen und notwendigen Reformperspektiven und neuen Pfade lassen sich unter Berücksichtigung der Befunde aus dem Ländervergleich wie folgt zusammenfassen.

Für die Soziale Arbeit in Deutschland dürfte mit Blick auf die internationalen Standards gelten, dass ein „allgemeines" Promotionsrecht einzelner sogenannter forschungsstarker Hochschulen und/oder einzelne wenige nicht fachgebundene bzw. transdisziplinär ausgerichtete Promotionszentren an wenigen ausgewählten HAW (wie aktuell in Bayern, Nordrhein-Westfalen, Hamburg) klar als unzureichend anzusehen ist. Mit diesen Reformansätzen werden vielmehr die bisherigen institutionellen Pfade einer semiakademisierten Sozialen Arbeit in den bestehenden nichtuniversitären und tendenziell forschungsschwachen Strukturen fortgeschrieben. Damit bleibt die Soziale Arbeit als wissenschaftliche Fachdisziplin – wie schon seit Ende der 1970er-Jahre – erneut hinter den international längst institutionalisierten Standards einer universitären und forschungsintensiven wissenschaftlichen Sozialen Arbeit zurück.

Vor allem das originäre Promotionsrecht in der Sozialen Arbeit – mit explizit hohem Praxisbezug und zugleich verstanden als vollakademische sozialwissenschaftliche Fachdisziplin – ist demnach gerade in Deutschland unumgänglich, um die Bedeutung originärer Forschung zu stärken. Wie die Befunde aus den USA und Schweden veranschaulichen, ist für die Soziale Arbeit vor allem die praxisnahe und praxisrelevante Forschung im Rahmen von Promotionen außerordentlich wichtig, sodass schon von daher eine letztlich willkürliche Begrenzung des Promotionsrechts auf „besonders forschungsstarke" HAW fachlich und fachpolitisch äußerst kritisch zu sehen ist. Wie von der DGSA (2023) angemerkt, darf „Forschungsstärke" nicht allein oder primär quantitativ-monetär am Kriterium erfolgreich eingeworbener Drittmittel festgemacht werden. Vielmehr sind die fachlichen Besonderheiten und Stärken der Sozialen Arbeit in Relation zu ihren sogenannten Bezugswissenschaften (Soziologie, Rechtswissenschaft, Psychologie, Pädagogik), in ihrer Praxisforschung sowie in der originär auf ihre Handlungsfelder bezogenen Grundlagenforschung vor allem qualitativ genauer als bisher zu entwickeln und über Qualitätsstandards zu definieren. Den Akteuren der Sozialen Arbeit (Kommunale Spitzenverbände, Deutscher Berufsverband für Soziale Arbeit e.V., DGSA, Deutscher Verein für öffentliche und private Fürsorge e.V., den Wohlfahrtsverbänden u.a.) kommt dabei eine besondere Stellung zu. Sie sind aktiver in den Reformdiskurs einzubeziehen als bisher.

Die Befunde aus den USA zu der explizit praxisnahen Promotionsvariante des *DSW* und ebenso die stark praxisbezogenen Kooperationsvarianten schwedischer Universitäten mit den Sozialdiensten der Kommunen zur Förderung von Promotionen in Form lokaler Forschung und Evaluation zeigen, dass in der Sozialen Arbeit auch und gerade unabhängig von Drittmitteln und/oder formalisierten Promotionszentren vielfältige weitere Möglichkeiten einer integrierten Förderung des wissenschaftlichen Nachwuchses aus der Berufspraxis heraus bestehen. Wichtig sind diese Varianten für Fachkräfte, die nach mehrjähriger Berufspraxis, evtl. verbunden mit Lehraufträgen und/oder kooperativ finanzierten Beschäftigungsverhältnissen als Doktorand/in den Weg (zurück) in die Hochschule finden. Genau diese praxiserfahrenen Fachkräfte über eine Promotion und Praxisforschung in ihren wissenschaftlichen Kompetenzen gezielt zu fördern, ist für die Soziale Arbeit mit Blick auf den künftigen Bedarf an besonders und vielfältig qualifizierten und erfahrenen Fachkräften extrem wichtig. Auch dies belegen empirische Studien aus Schweden (Salonen/Panican 2022). Bisher sind solche Ansätze in Deutschland völlig unterentwickelt und müssen im Rahmen aktueller Reformen strategisch, konzeptionell und auch mit Ressourcen unterlegt und erweitert werden. Hierzu bedarf es offener, flexibler und vor allem auch individueller Ansätze, die in hochgradig formalisierten und primär an der Einwerbung von Drittmitteln orientierten „Promotionszentren“ nur begrenzt realisierbar sind. Auch dies zeigen vor allem

Erfahrungen aus Schweden, denn parallel und ergänzend zur dortigen universitären *Nationella Forskarskolan i Socialt Arbete (RSSW)* werden inzwischen systematisch lokale praxisbezogene Kooperationen von Wissenschaft und Berufspraxis in der Sozialen Arbeit an Universitäten und Hochschulen eingerichtet.

Wie in anderen Ländern müssen demnach auch in Deutschland – und zwar unabhängig von der bzw. ergänzend zur wichtigen Drittmittelforschung und künftigen Promotionszentren und/oder Graduiertenschulen – Forschung und Einzelpromotionen in der Sozialen Arbeit (weiterhin) möglich sein. Gerade darüber bildet sich mit manchmal unkonventionellen Themen oder über besondere innovative Ideen und Ansätze die Freiheit der Forschung nicht nur in der Sozialen Arbeit, sondern in allen wissenschaftlichen Disziplinen grundlegend ab.

Ferner muss für kooperative Promotionsnetzwerke, -verbünde, oder -zentren zwischen den fachbezogenen HAW bzw. Fakultäten der Sozialen Arbeit und den Universitäten, die in der Regel über die sogenannten Bezugswissenschaften auch weiterhin beteiligt sind, das Prinzip der „Kooperation auf Augenhöhe" gelten. Professorinnen und Professoren von Universitäten und HAW müssen in diesen Kooperationsmodellen völlig gleichberechtigt die Aufgaben der Begleitung, Betreuung, Begutachtung und Prüfung entsprechend der vom Wissenschaftsrat (2023) formulierten Standards übernehmen (können). Den Promotionskandidatinnen und -kandidaten muss zugleich auf Grundlage fachlicher und forschungsmethodischer Kriterien die freie Wahl der begleitenden Professorin oder des Professors ermöglicht werden. Auch diese Standards gelten in anderen Ländern, wie Kooperationsmodelle schwedischer Universitäten und Hochschulen zeigen. Entsprechend müssen die Rahmenbedingungen und Ressourcen für die Begleitung und Förderung von Promotionen an den deutschen

HAW deutlich verbessert werden. Dies beinhaltet deutlich mehr als nur eine Reduzierung in der Lehrverpflichtung für die dortigen Professorinnen und Professoren (DGSA 2023, 5).

Für die Fachdisziplin der Sozialen Arbeit bedarf es in Deutschland national und zugleich auf Ebene der Bundesländer einer integrierten Strategie der Forschungsförderung sowie längerfristig angelegter Initiativen – etwa nach dem schwedischen Modell einer *RSSW*, ausgestattet mit entsprechenden Fördergeldern –, um bundesweit möglichst einheitliche und vergleichbare qualitative Standards für die Förderung des wissenschaftlichen Nachwuchses zu erreichen. In dieser Perspektive wäre es lohnenswert, sich die Erfahrungen aus Schweden oder anderen skandinavischen Ländern und auch aus dem angelsächsischen Raum noch genauer anzusehen als hier möglich.

Wie die Institutionentheorie zur Pfadabhängigkeit zeigt, können einmal eingeschlagene Pfade nicht so einfach oder nur mit erheblichem (Reform-)Aufwand und damit verbundenen institutionellen Verwerfungen verlassen werden. Es gilt jedoch der Grundsatz „Kein Pfad ist endlos" – es sei denn, er verläuft im Kreis. Eine veränderte Ausrichtung bzw. neue Wege aus einer Lock-in-Situation gelingen meist nur unter sehr spezifischen sozialen und ökonomischen Bedingungen. Sie gelingen vor allem dann, wenn der Nutzen neuer Pfade für alle Beteiligten ein größerer ist als innerhalb der bereits ausgetretenen Wege (Sydow et al. 2009).

Derzeit scheinen insoweit in Deutschland günstige Bedingungen für einen solchen Pfadwechsel zu bestehen. Neben dem ohnehin laufenden Diskurs um ein Promotionsrecht an deutschen HAW vollzieht sich mit dem „Abschied von den Boomern" (Bude 2024) ein demografischer und arbeitsmarktpolitischer Wandel, der einen immensen Bedarf an (jungen) wissenschaftlichen und zugleich praxisbezogenen Fachkräften in der Sozialen Arbeit mit sich bringt. Sozioökonomisch und ökologisch vollzieht sich eine „Zeitenwende", verbunden mit enormen Herausforderungen, die wachsende soziale Ungleichheiten und die Transformation in eine digitalisierte Gesellschaft mit sich bringen. Diese Transformation erfordert zusätzlich einen Bedarf an hochqualifizierten Fachkräften in einer wissenschaftlich fundierten Sozialen Arbeit zur Bewältigung der Ursachen und Folgen sozialer, ökonomischer und ökologischer Probleme. Die längst laufenden Transformationsprozesse und ein gravierender sozialer und technischer Wandel können als Impulse für einen Pfadwechsel verstanden werden, um die Soziale Arbeit insgesamt und vor allem in ihrer Forschung aus der seit Ende der 1970er-Jahre in Deutschland bestehenden Lock-in-Situation herauszuführen. Ziel muss es sein, möglichst rasch eine voll umfänglich institutionalisierte sozialwissenschaftliche Fachdisziplin Soziale Arbeit mit originärem Promotionsrecht und einer strategischen und ressourcenstarken Förderung von Forschung und des wissenschaftlichen Nachwuchses entsprechend der internationalen Standards zu entwickeln.

Literatur

Beyer, Jürgen (2006): Pfadabhängigkeit. Über institutionelle Kontinuität, anfällige Stabilität und fundamentalen Wandel, Frankfurt a.M./New York.

Bouhra, Iris (2013): Promovieren mit FH-Abschluss, in: Wissenschaftsladen Bonn e.V. (Hrsg.): Arbeitsmarkt Bildung, Kultur + Sozialwesen, https://wila-arbeitsmarkt.de/files/biku_2013_20_promovieren_mit_fh-abschluss.pdf (15. Februar 2024).

Brunnberg, Elinor (2013): Om Socionomutbildningar, Forskarutbildningar och Samtliga Avhandlingar i Socialt Arbete 1980–2012, Mälardalens Högskola Eskilstuna/Västerås, http://www.diva-portal.org/smash/get/diva2:605990/FULLTEXT01.pdf (10. Februar 2024).

Bude, Heinz (2024): Abschied von den Boomern, München.

Cnaan, Ram A./Ghose, Toorjo (2018): Doctoral Social Work Education: Responding to Trends in Society and the Academy, in: Research on Social Work Practice 28 (3).

CSWE – Council on Social Work Education (2020): Statistics on Social Work Education in the United States. Summary of the CSWE Annual Survey of Social Work Programs, https://www.cswe.org/getattachment/726b15ce-6e63-4dcd-abd1-35d2ea9d9d40/2020-Annual-Statistics-On-Social-Work-Education-in-the-United-States.pdf?lang=en-US (26. November 2023).

Dellgran, Peter/Höjer, Staffan (2011): Nya trender och gamla mönster. Doktorsavhandlingarna i socialt arbete 1980-2009, in: Socialvetenskaplig tidskrift 2/2011, S. 85–105.

DGSA – Deutsche Gesellschaft für Soziale Arbeit (2023): Ausgestaltung und Qualitätskriterien der Promotion in der Sozialen Arbeit – Positionspapier des Vorstandes der DGSA e.V. vom 11. September 2023, https://www.dgsa.de/fileadmin/Dokumente/Ver%C3%B6ffentlichungen/Stellungnahmen/DGSA_Positionspapier_Ausgestaltung_Qualit%C3%A4tskriterien_Promotion.pdf (14. Februar 2024).

Ehlert, Gudrun/Gahleitner, Silke Birgitta/Köttig, Michaela/Sauer, Stefanie/Riemann, Gerhard/Schmitt, Rudolf/Völter, Bettina (Hrsg.) (2017): Forschen und Promovieren in der Sozialen Arbeit, Opladen u.a.

Esping-Andersen, Gøsta (1990): The Three Worlds of Welfare Capitalism, Cambridge u.a.

FBTS – Fachbereichstag Soziale Arbeit (2016): Qualifikationsrahmen Soziale Arbeit (QR SozARb), Version 6.0, verabschiedet vom Fachbereichstag Soziale Arbeit in Würzburg am 8. Juni 2016, http://www.fbts.de/fileadmin/fbts/QR_SozArb_Version_6.0.pdf (15. Februar 2024).

Grohall, Karl-Heinz (1997): Studienreform in den Fachbereichen für Sozialwesen, Freiburg i.Br.

Kristiansen, Arne (2019): Från Olsson till Lindelle. Doktorsavhandlingar i socialt arbete på Socialhögskolan vid Lunds universitet 1988–2018, Socialhögskolan, Universität Lund, https://lucris.lub.lu.se/ws/portalfiles/portal/64760698/RRSW_2019_6.pdf (27. November 2023).

Lightfoot, Elizabeth/Beltran, Raiza (2018): The Group for the Advancement of Doctoral Education in Social Work, in: Encyclopedia of Social Work, https://doi.org/10.1093/acrefore/9780199975839.013.1281 (8. Februar 2024).

Lightfoot, Elizabeth/Gal, John/Weiss-Gal, Idit (2018): Social Policy in Social Work – PhD Programs in the United States, in: Research on Social Work Practice, 28 (3), S. 234–242.

Orwat, John/Besinger, Amanda (2015): Social work in the United States of America, in: Kolar, Elisabetta/Sicora, Alessandro (Hrsg.): Social Work around the world, https://sites.units.it/csal/home/visioni_latino_americane_13_quaderno_3_social%20work%20around%20the%20world.pdf (8. Februar 2024).

Pierson, Paul (2000): Increasing Returns, Path Dependence, and the Study of Politics, in: American Political Science Review, 94(2), S. 251–267.
Pierson, Paul (2004): History, Institutions and Social Analysis, Princeton.
Salomon, Alice (2008): Lebenserinnerungen. Jugendjahre, Sozialreform, Frauenbewegung, Exil, Frankfurt a.M.
Salonen, Tapio/Denvall, Verner (2008): Nationell forskarskola I social arbete – bakgrund och genomförande, Lund University, https://lucris.lub.lu.se/ws/portalfiles/portal/5954365/1786558.pdf (11. Februar 2024).
Salonen, Tapio/Panican, Alexandru (2022): Kompetensprofilen hos undervisande personal på socionomutbildningar – en strategisk fråga för socionomfältet, in: Socialvetenskaplig tidskrift, 2/2022, S. 209–233.
Schmitt, Rudolf (2017): Promotionsförderung – eine kurze Bilanz und offene Skizzen, in: Ehlert, Gudrun/Gahleitner, Silke Birgitta/Köttig, Michaela/Sauer, Stefanie/Riemann, Gerhard/Schmitt, Rudolf/Völter, Bettina (Hrsg.) (2017): Forschen und Promovieren in der Sozialen Arbeit, Opladen u.a., S. 91–101.
Schwarze, Uwe (2012): Sozialhilfe in Schweden und Deutschland. Lebenslaufpolitik zwischen modernisierter Kommunalverwaltung und aktivierendem Wohlfahrtsstaat, Wiesbaden.
Staub-Bernasconi, Silvia (2007): Soziale Arbeit als Handlungswissenschaft, Bern u.a.
Staub-Bernasconi, Silvia (2009): Der Professionalisierungsdiskurs zur Sozialen Arbeit (SA/SP) im deutschsprachigen Kontext im Spiegel internationaler Ausbildungsstandards. Soziale Arbeit – eine verspätete Profession?, in: Becker-Lenz, Roland/Busse, Stefan/Ehlert, Gudrun/Müller, Silke (Hrsg.): Professionalität in der Sozialen Arbeit. Standpunkte, Kontroversen, Perspektiven, Wiesbaden, S. 21–45.

Stockholm University (2023): Nationella forskarskolan i socialt arbete (RSSW), https://www.su.se/institutionen-for-socialt-arbete/utbildning/v%C3%A5ra-utbildningar/nationella-forskarskolan-i-socialt-arbete-rssw-1.589256?notforcedreason=0&q=&xpanded (27. November 2023).
Sundell, Knut/Stensson, Einar (2010): Effektutvärderingar i doktorsavhandlingar. Stockholm: Socialstyrelsen, www.socialstyrelsen.se (13. Februar 2024).
Sydow, Jürgen/Schreyögg, Georg/Koch, Jürgen (2009): Organizational Path Dependence: Opening the Black Box, in: Academy of Management Review, 34 (4), S. 689–709.
Wissenschaftsrat (2023): Ausgestaltung der Promotion im deutschen Wissenschaftssystem. Positionspapier, https://www.wissenschaftsrat.de/download/2023/1196-23.html (24. November 2023).

Zum Weiterlesen:

Die Ausbildungsstätten der sozialen Arbeit in Deutschland 1899–1945
Peter Reinicke
432 Seiten, kart., 29,80 €, für Mitglieder des Deutschen Vereins 23,80 €
ISBN 978-3-7841-2131-4

50 Jahre Soziale Arbeit in Wissenschaft und Praxis
Archiv für Wissenschaft und Praxis der Sozialen Arbeit Nr. 4/2020
112 Seiten, kart., 16,00 €, für Mitglieder des Deutschen Vereins 13,00 €
ISBN 978-3-7841-3261-7

Was ist das Soziale wert?
Eine mehrperspektivische Betrachtung von Monika Burmester und Norbert Wohlfahrt
2022, 64 Seiten, kart., 7,50 €, für Mitglieder des Deutschen Vereins 6,50 €
ISBN 978-3-7841-3095-8

Empfehlungen des Deutschen Vereins für eine qualifizierte Berufseinmündung in das Arbeitsfeld Kindertageseinrichtung und die Eröffnung von Karrierewegen vom 23. März 2022.
Download unter:
https://www.deutscher-verein.de/de/uploads/empfehlungen-stellungnahmen/2022/dv-35-20_karrierewege-kindertagesbetreuung.pdf

Bestellen Sie versandkostenfrei in unseren Online-Buchshops:
www.verlag.deutscher-verein.de
www.lambertus.de